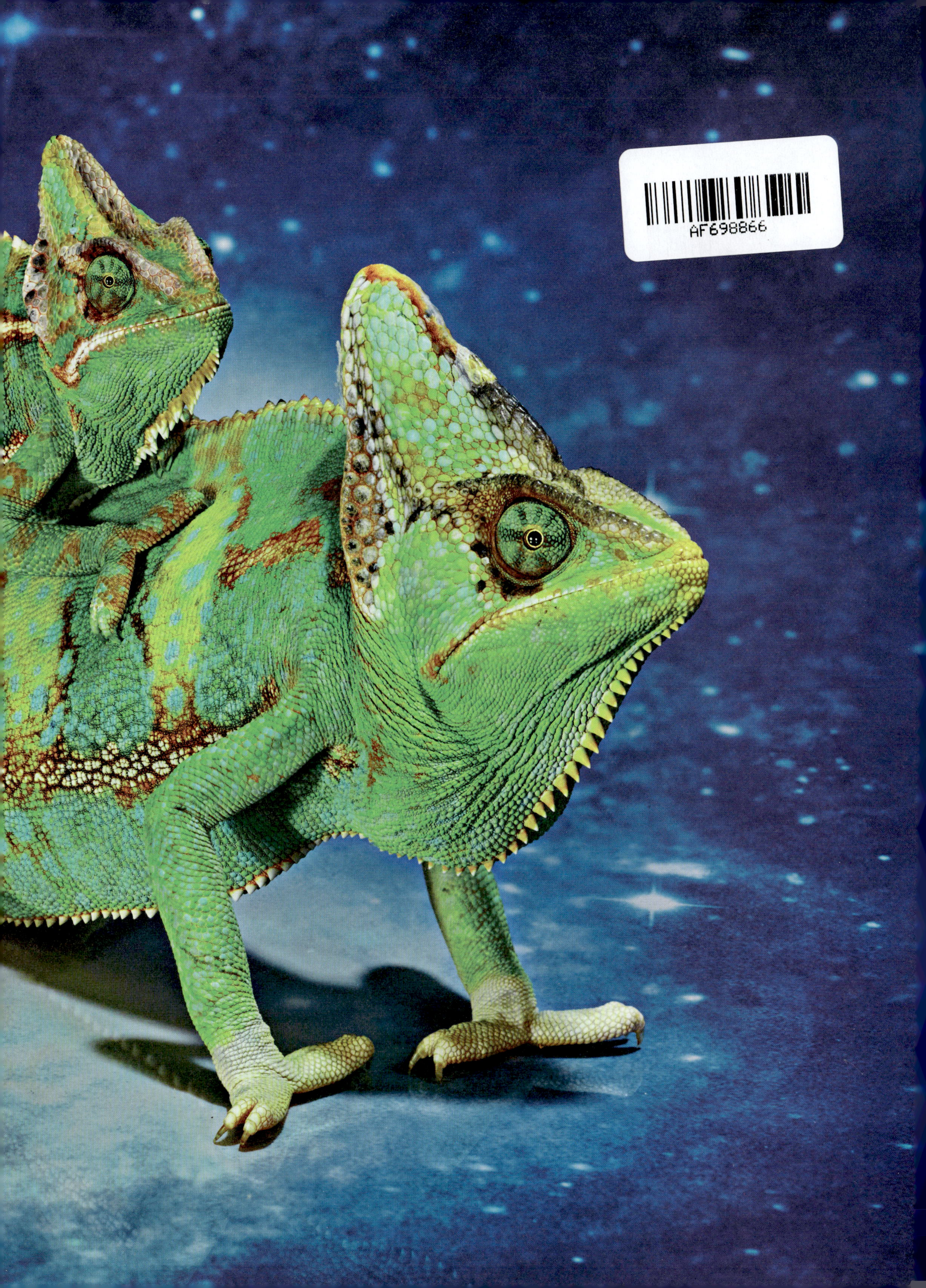

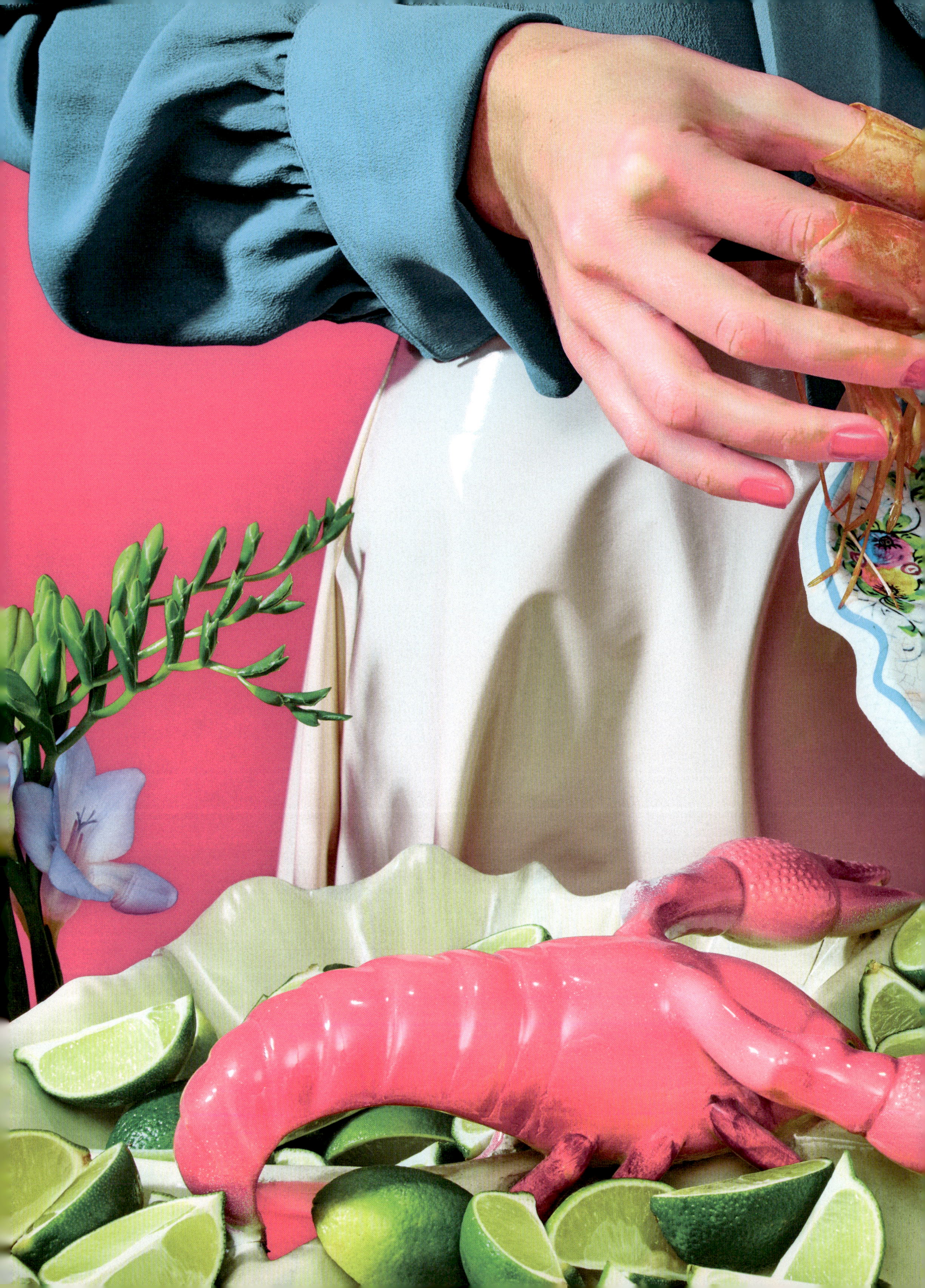

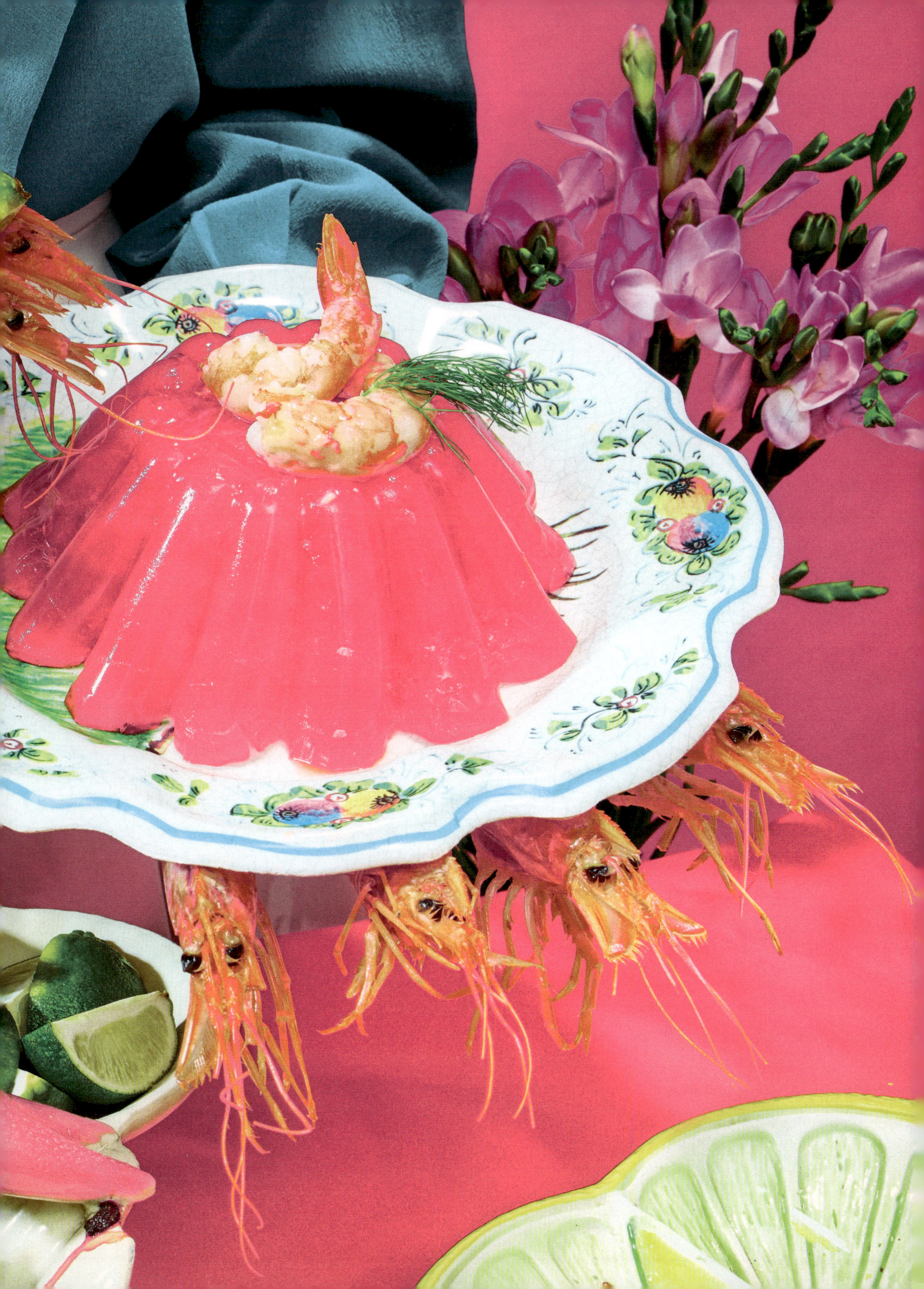

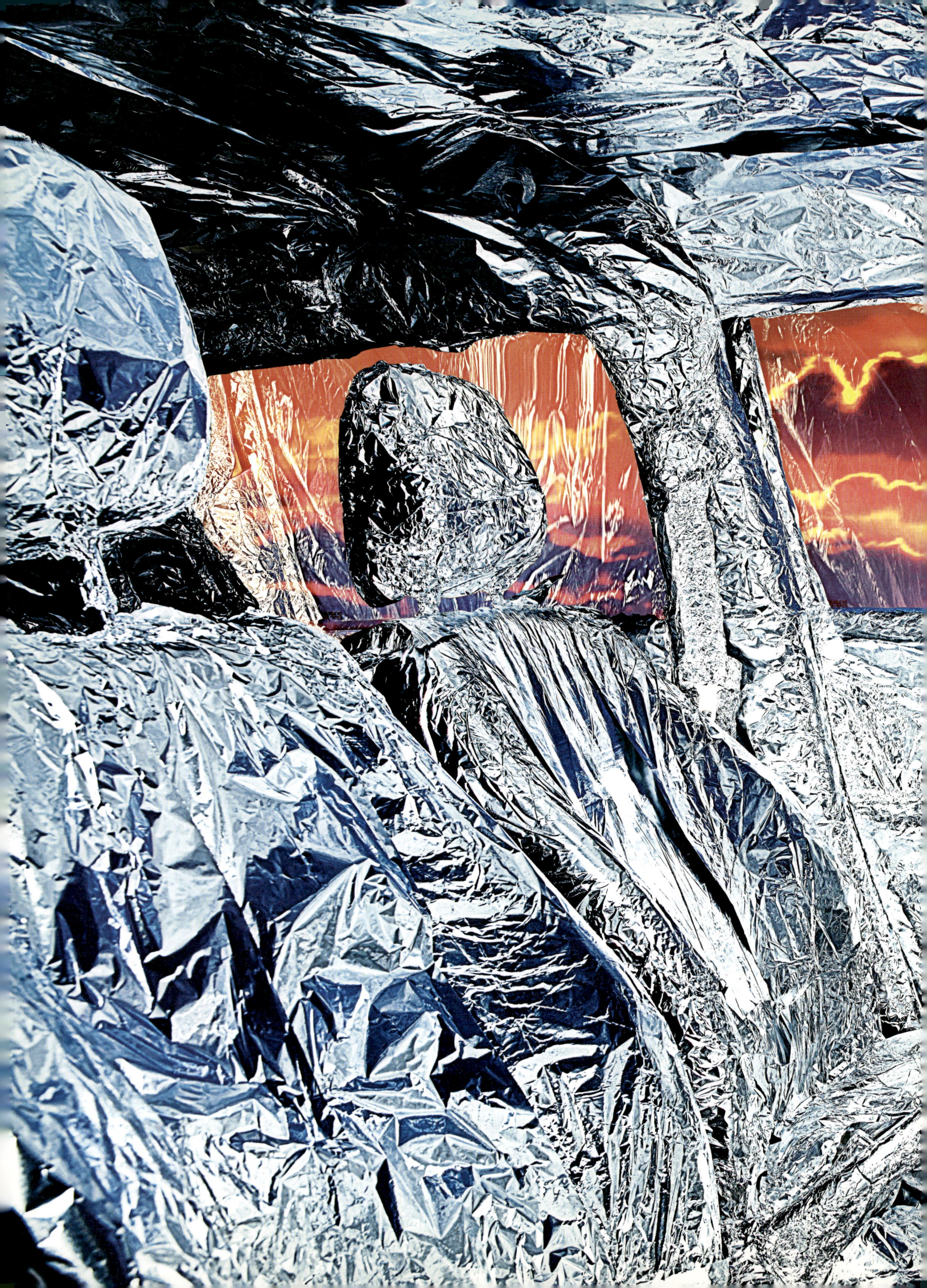

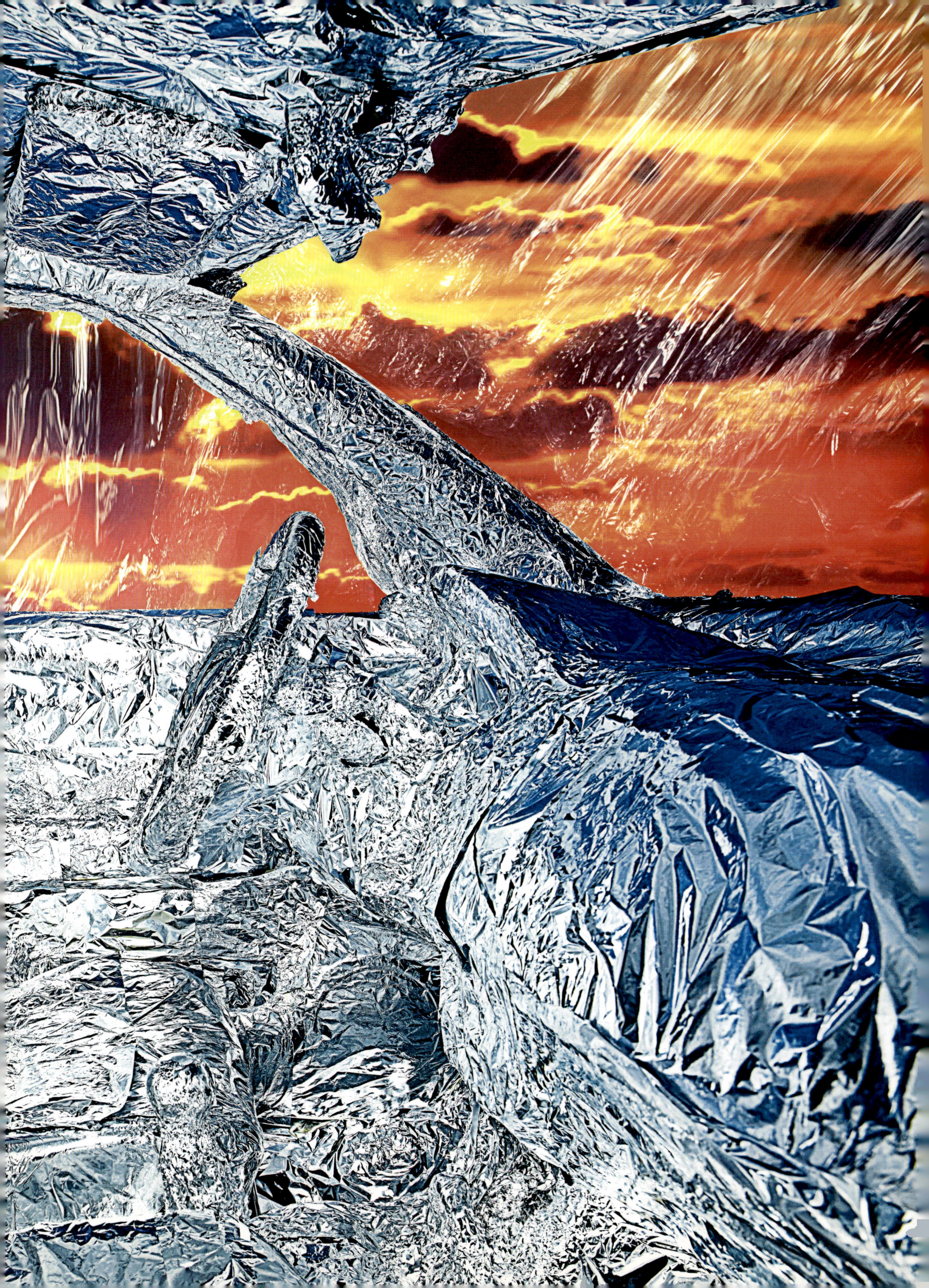

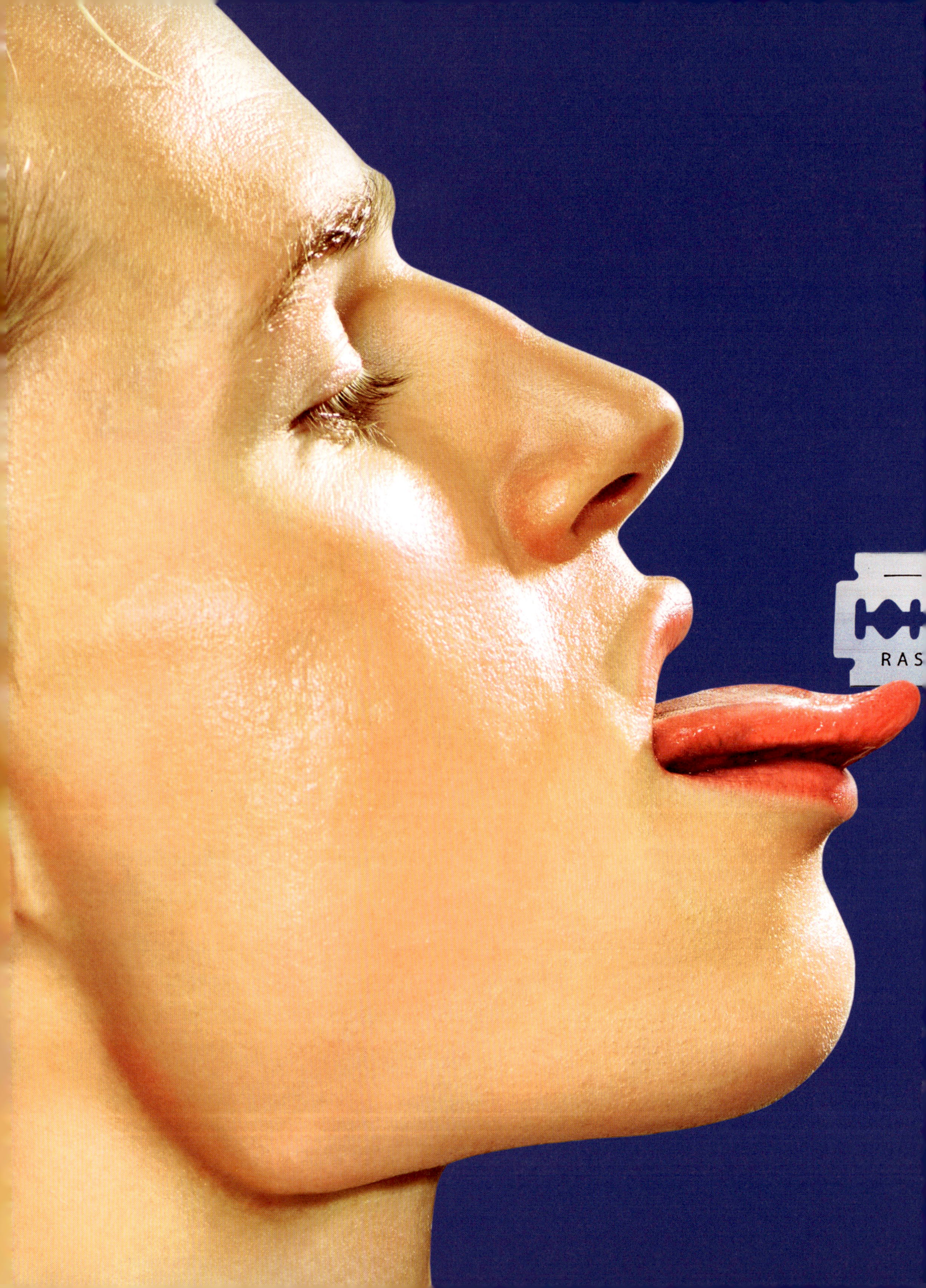
RAS

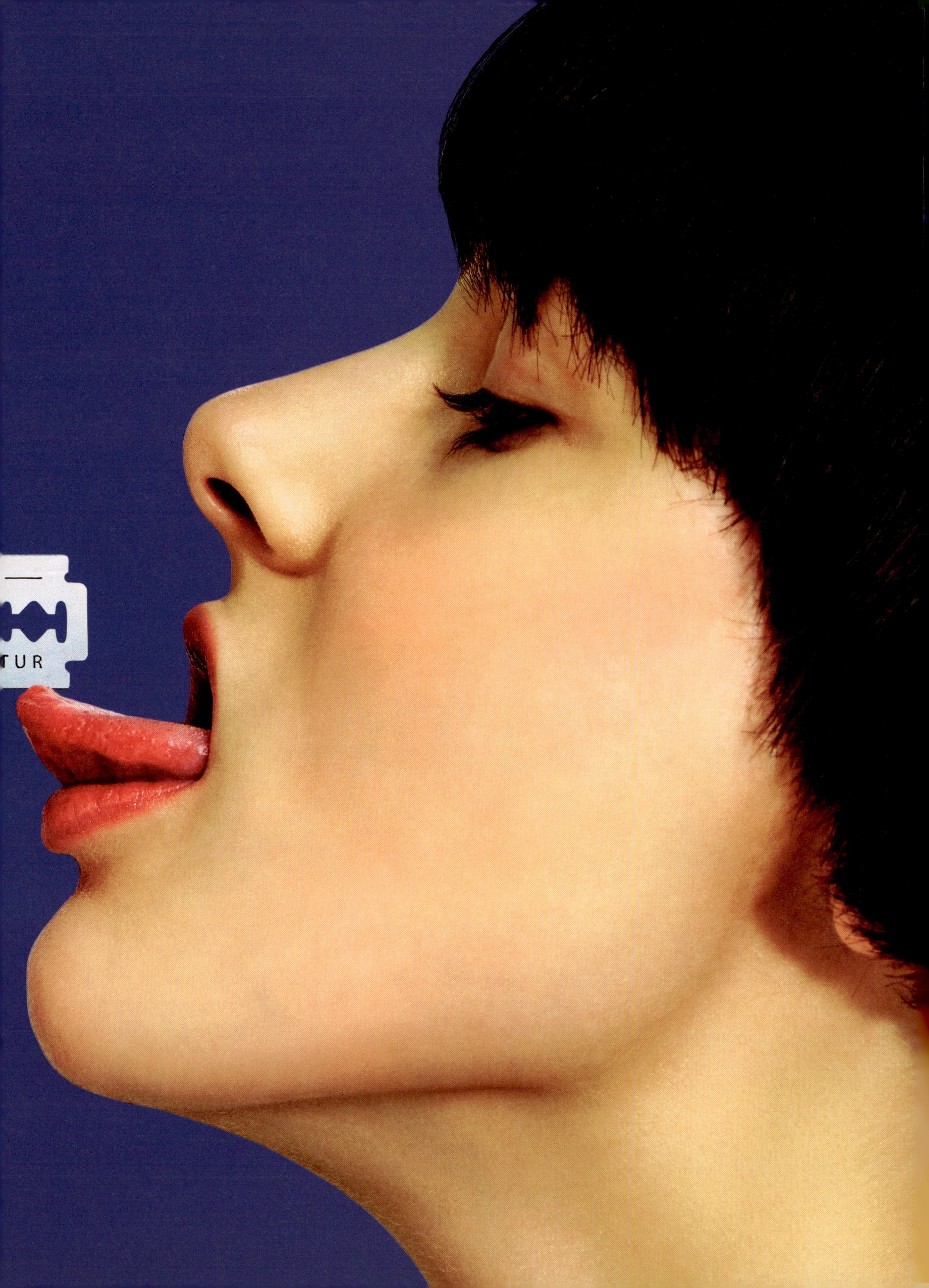
TUR

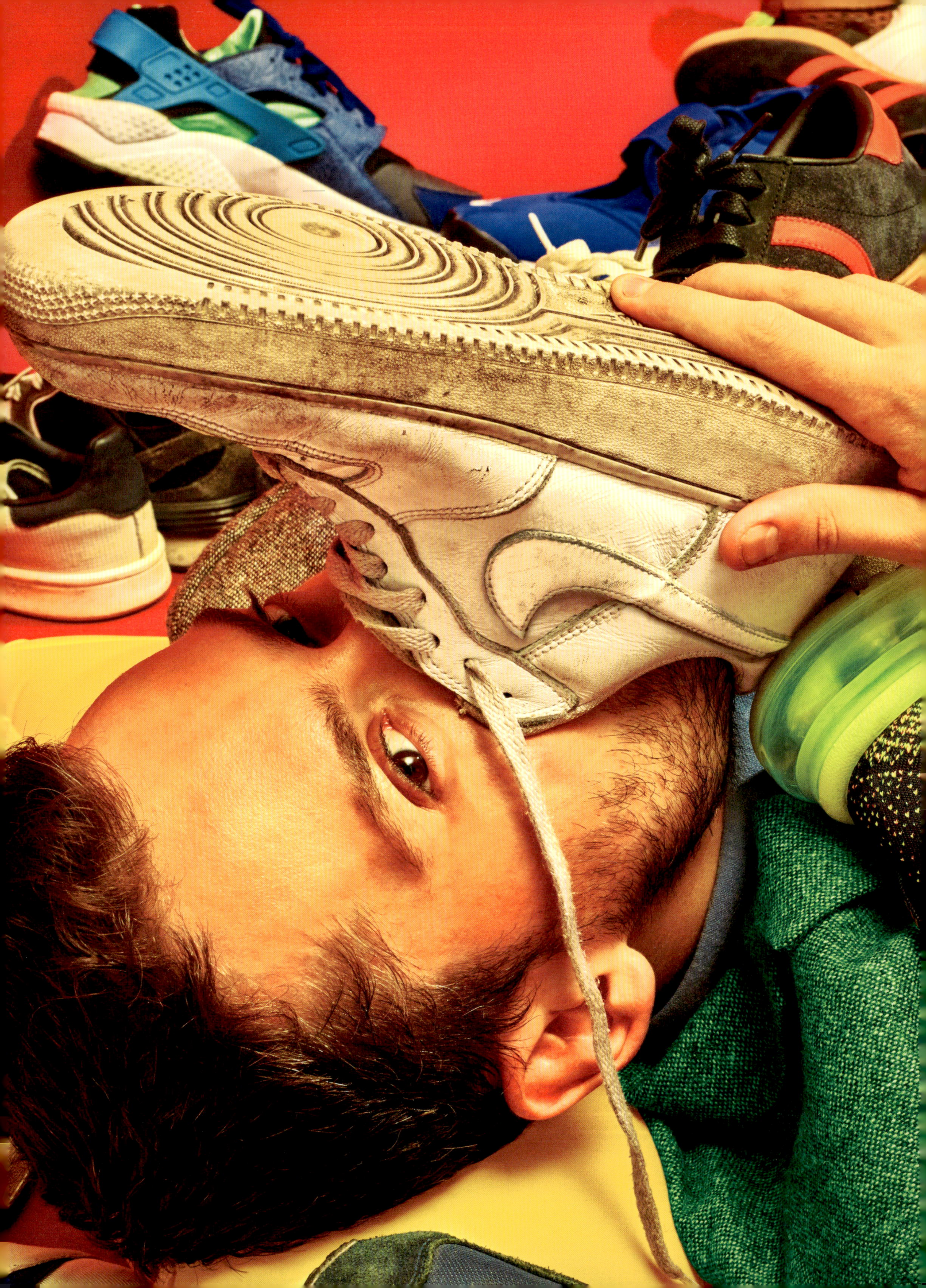

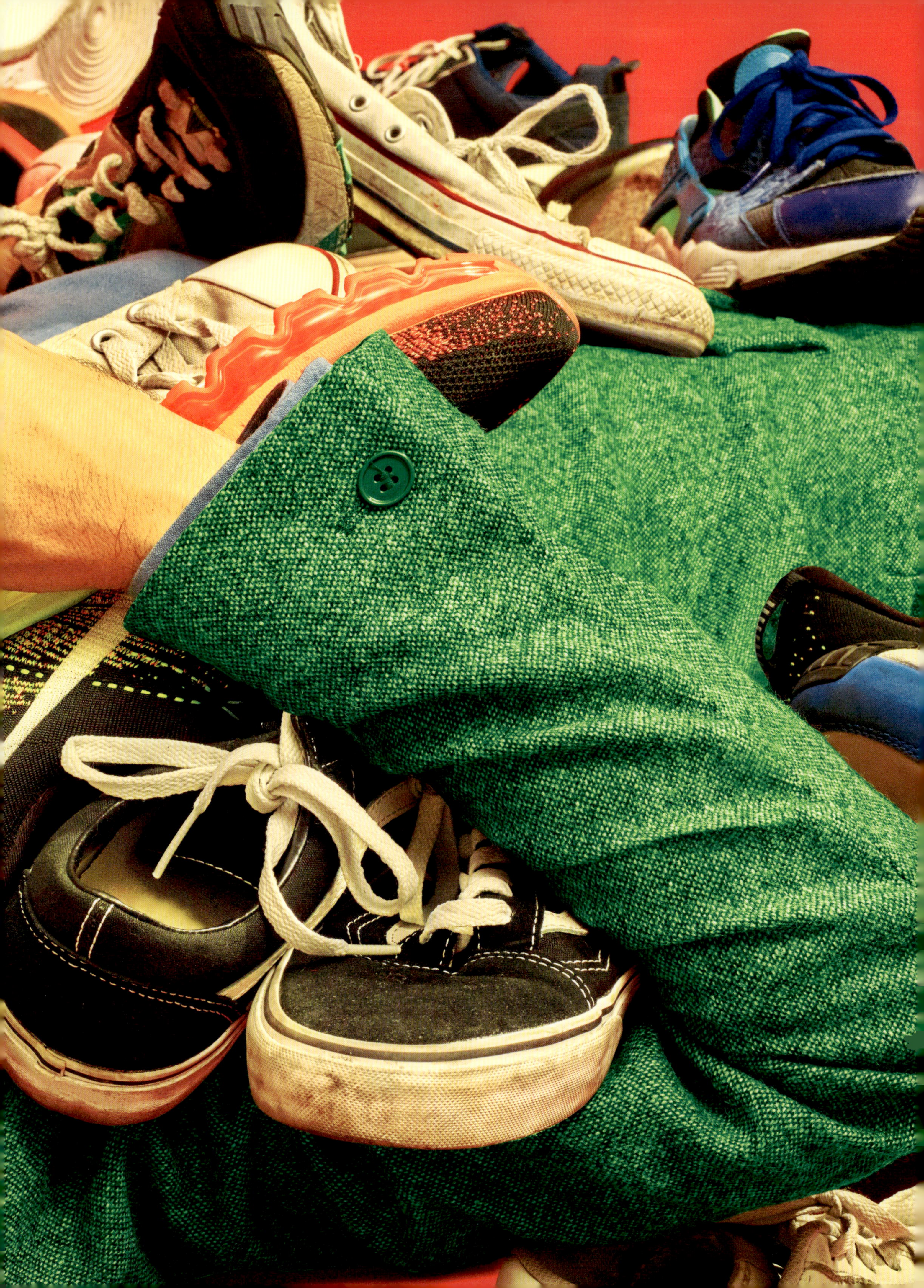

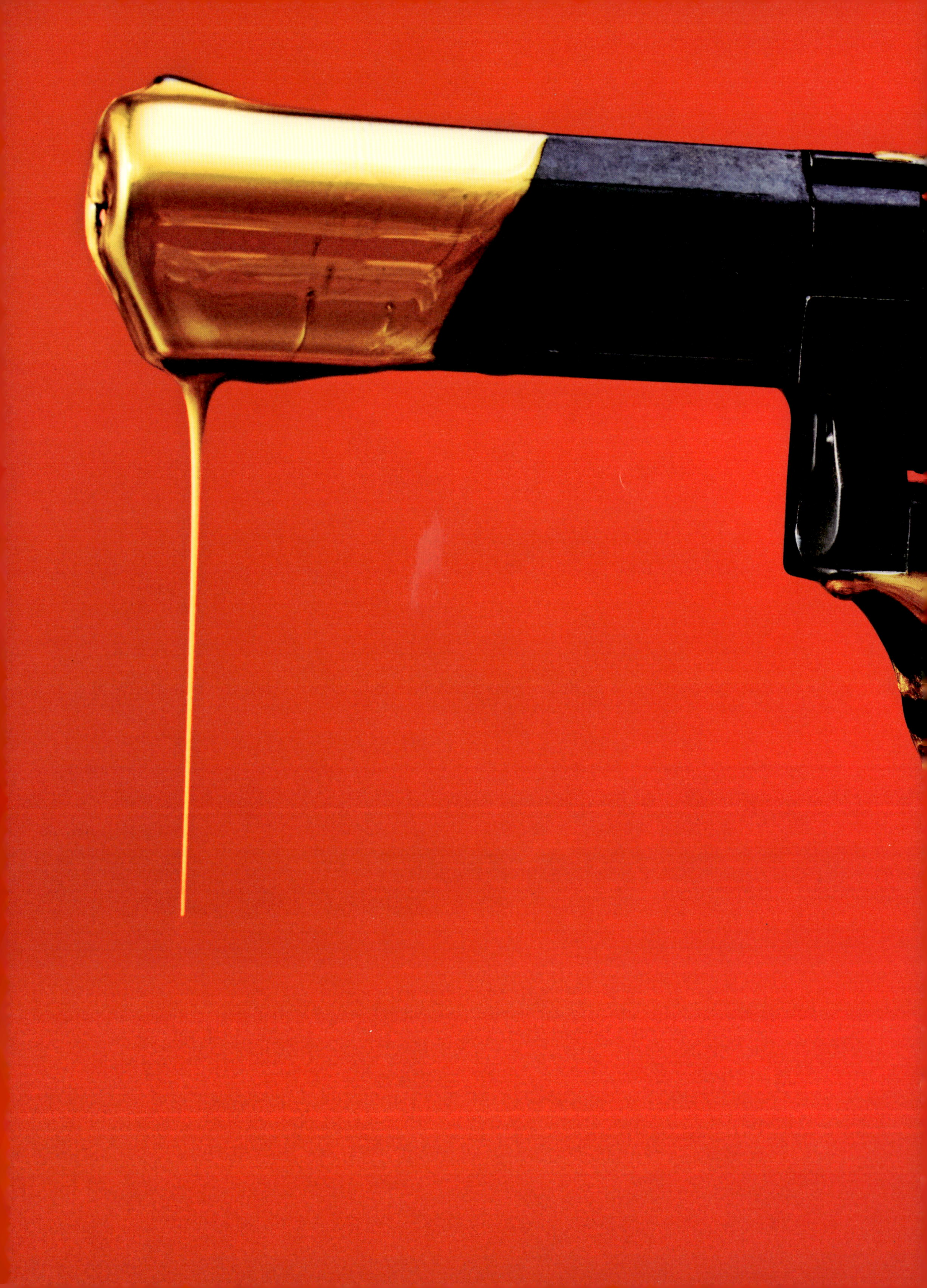

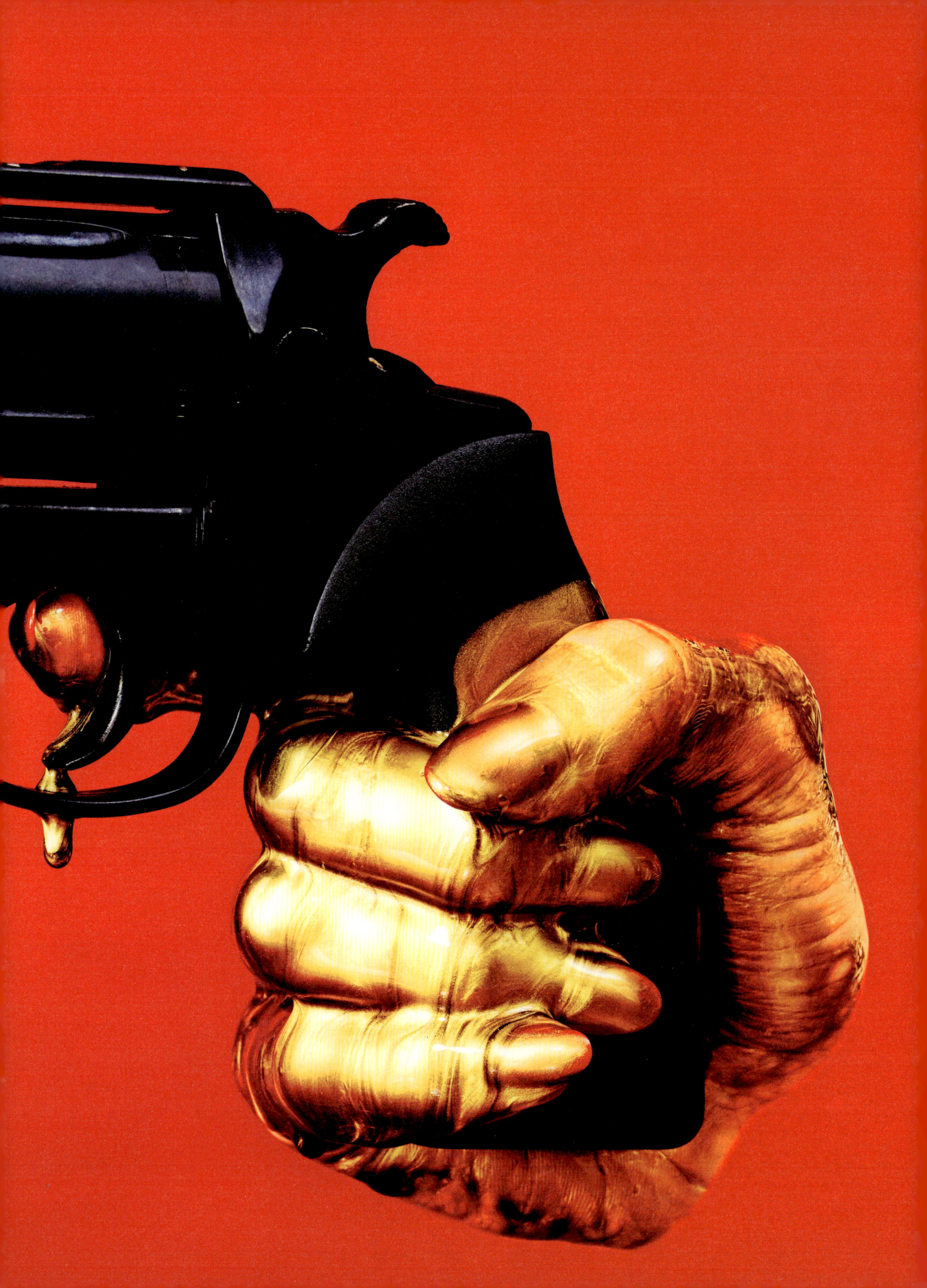

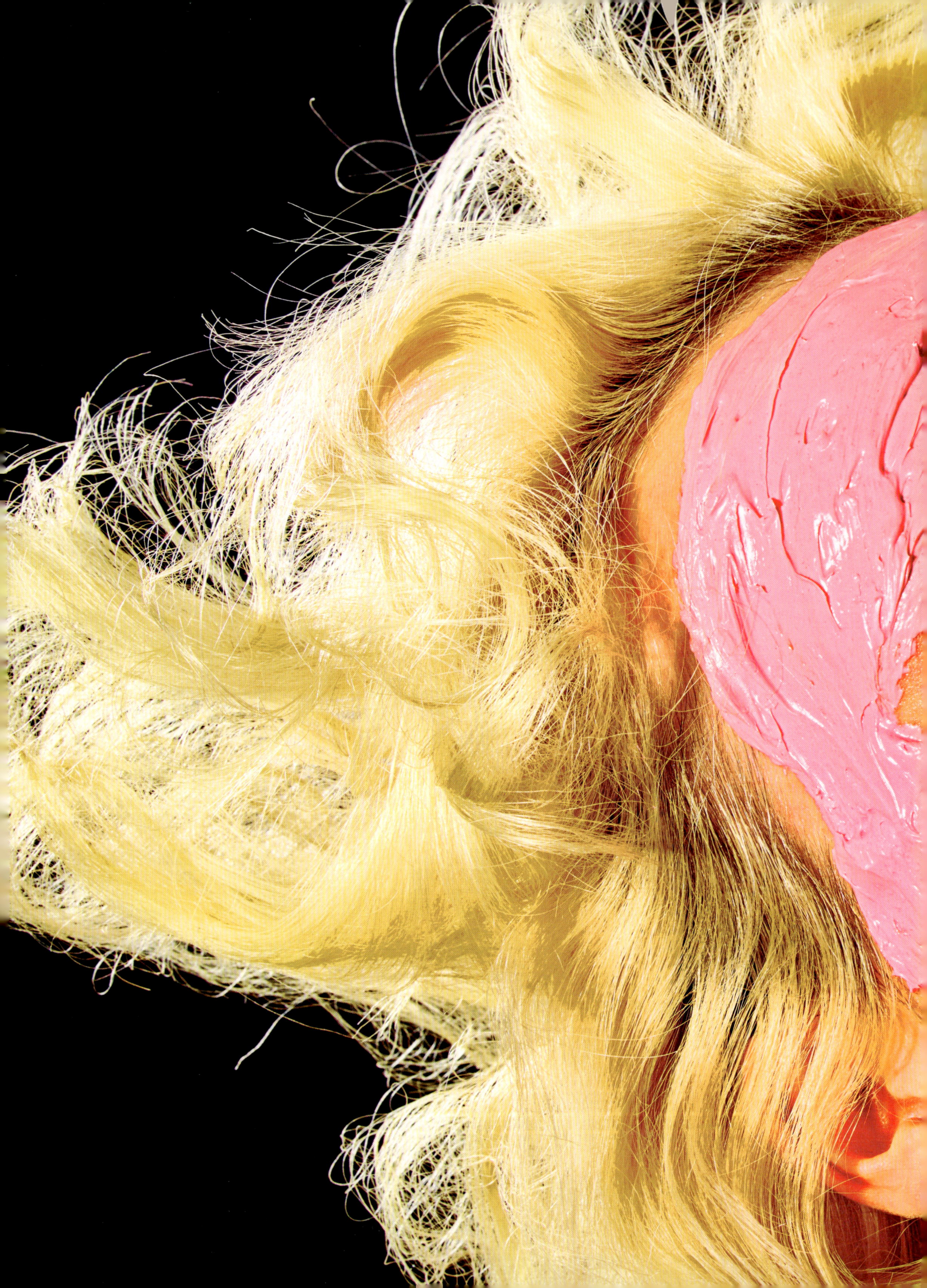

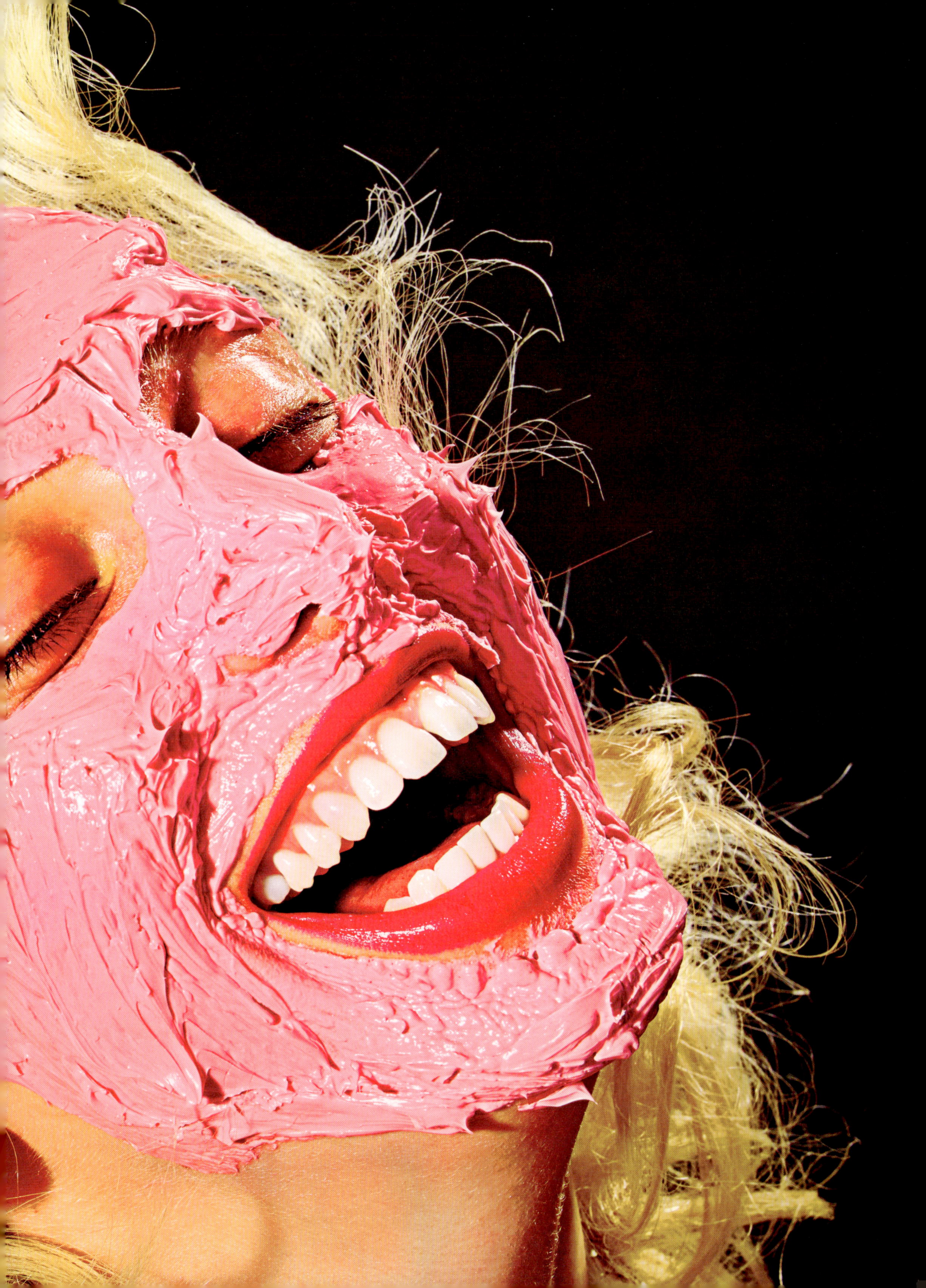

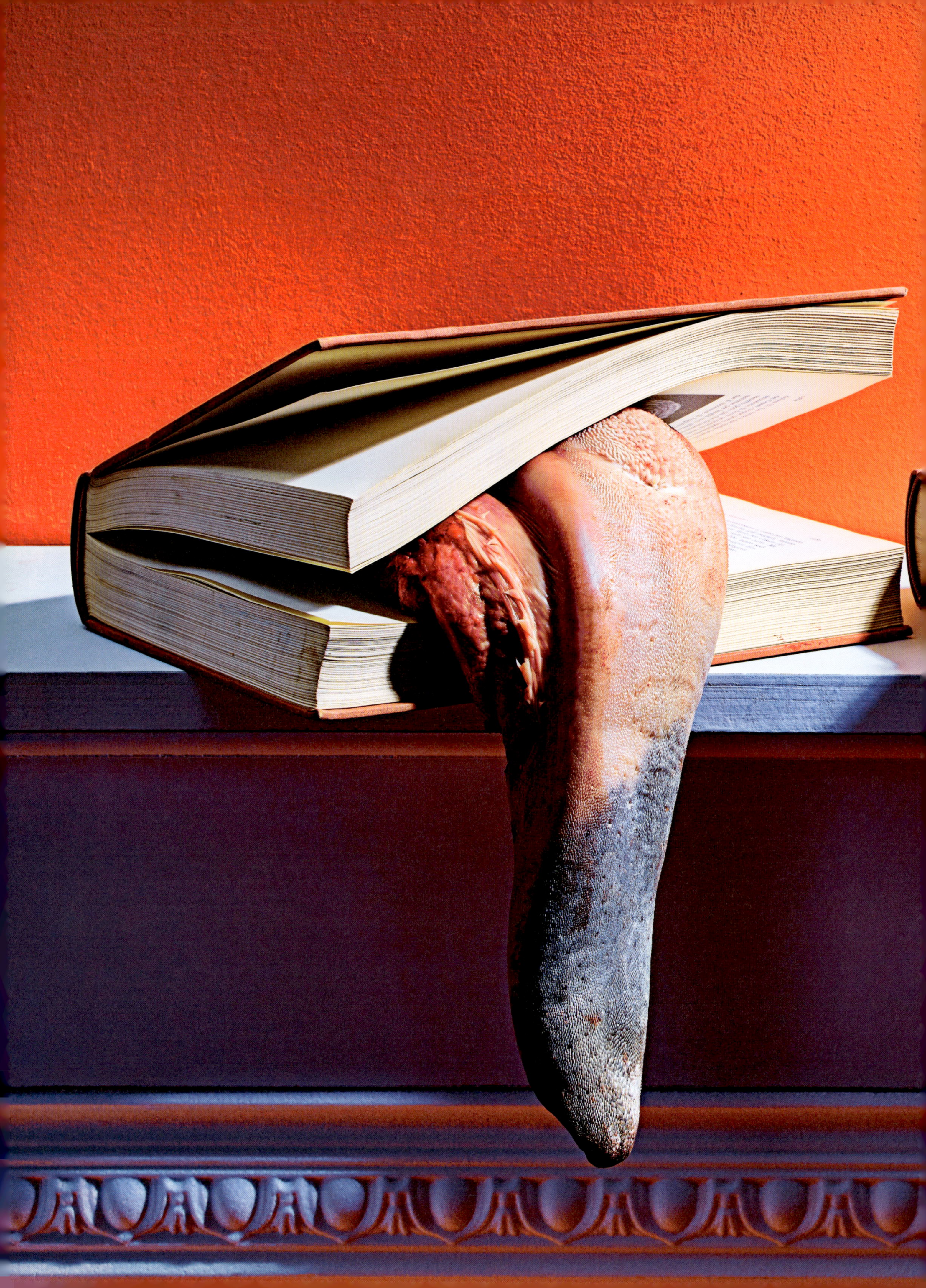

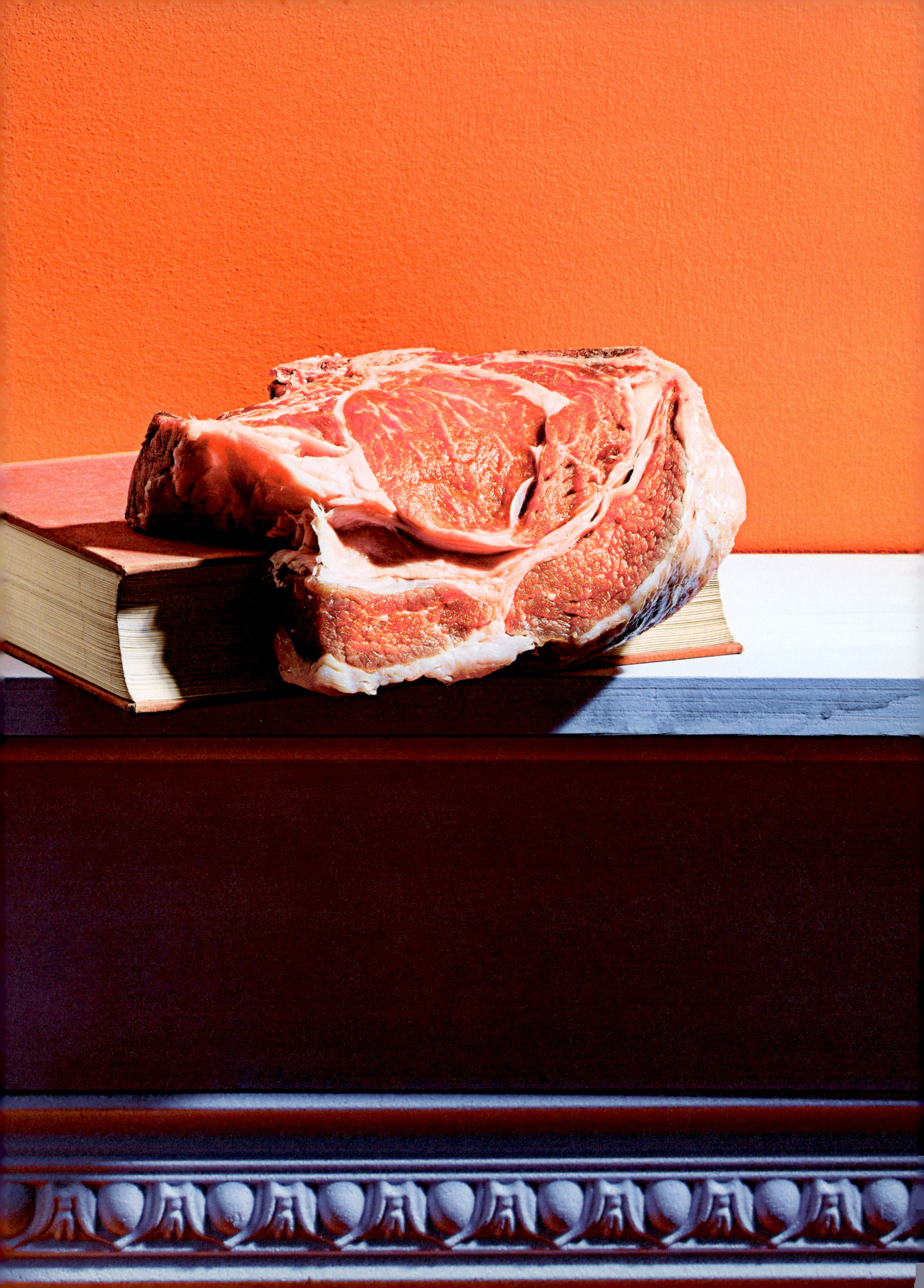

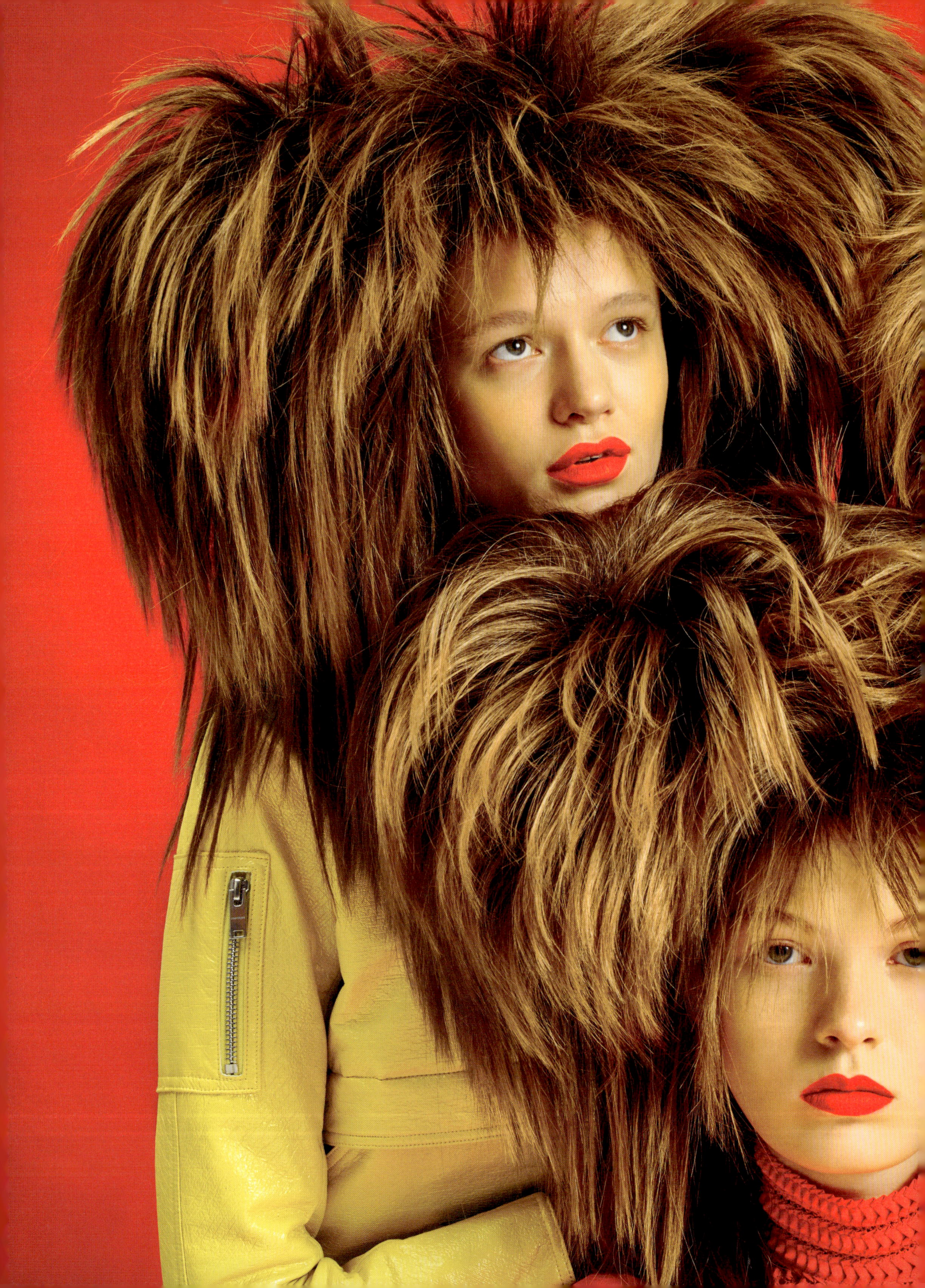

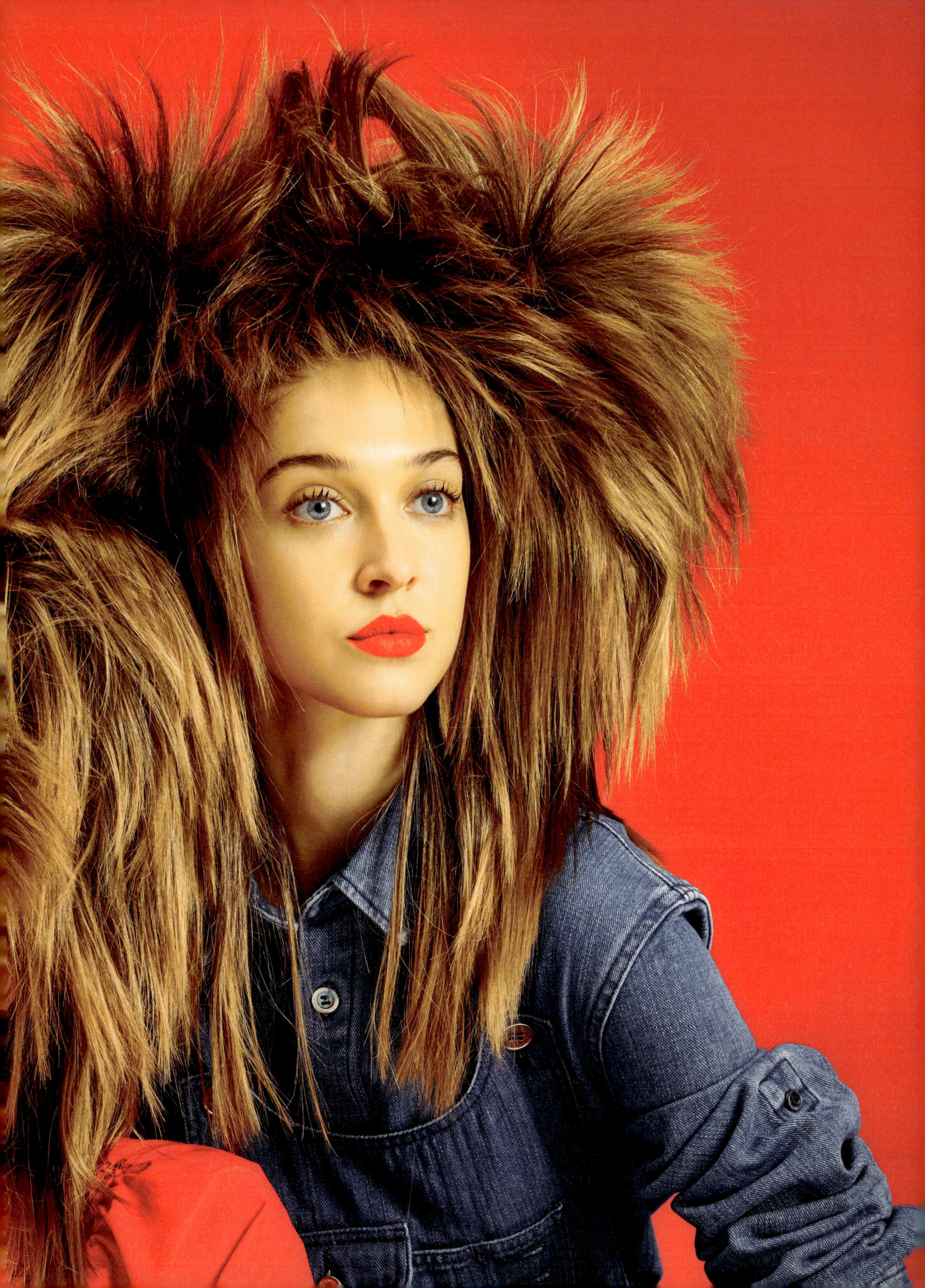

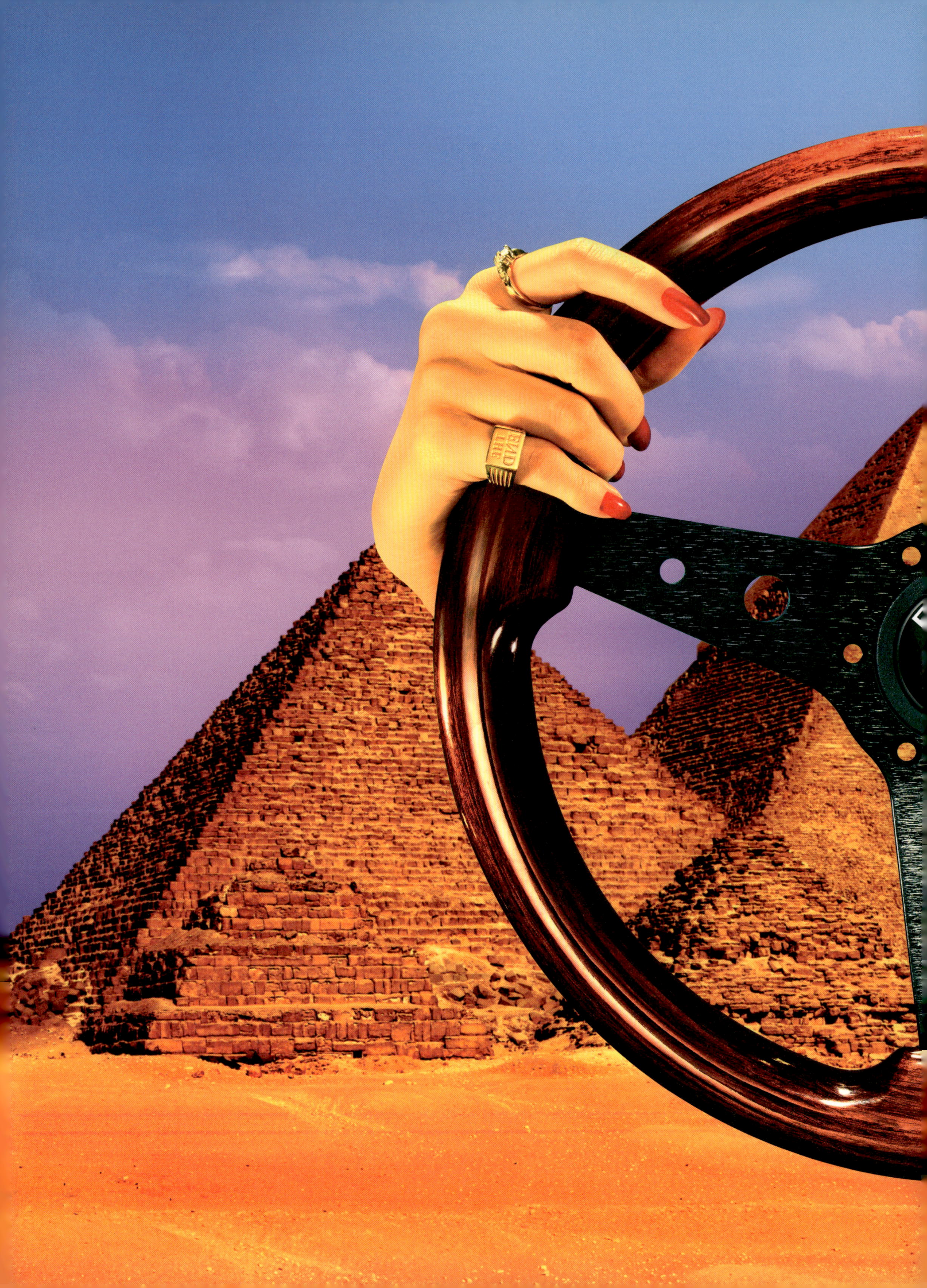

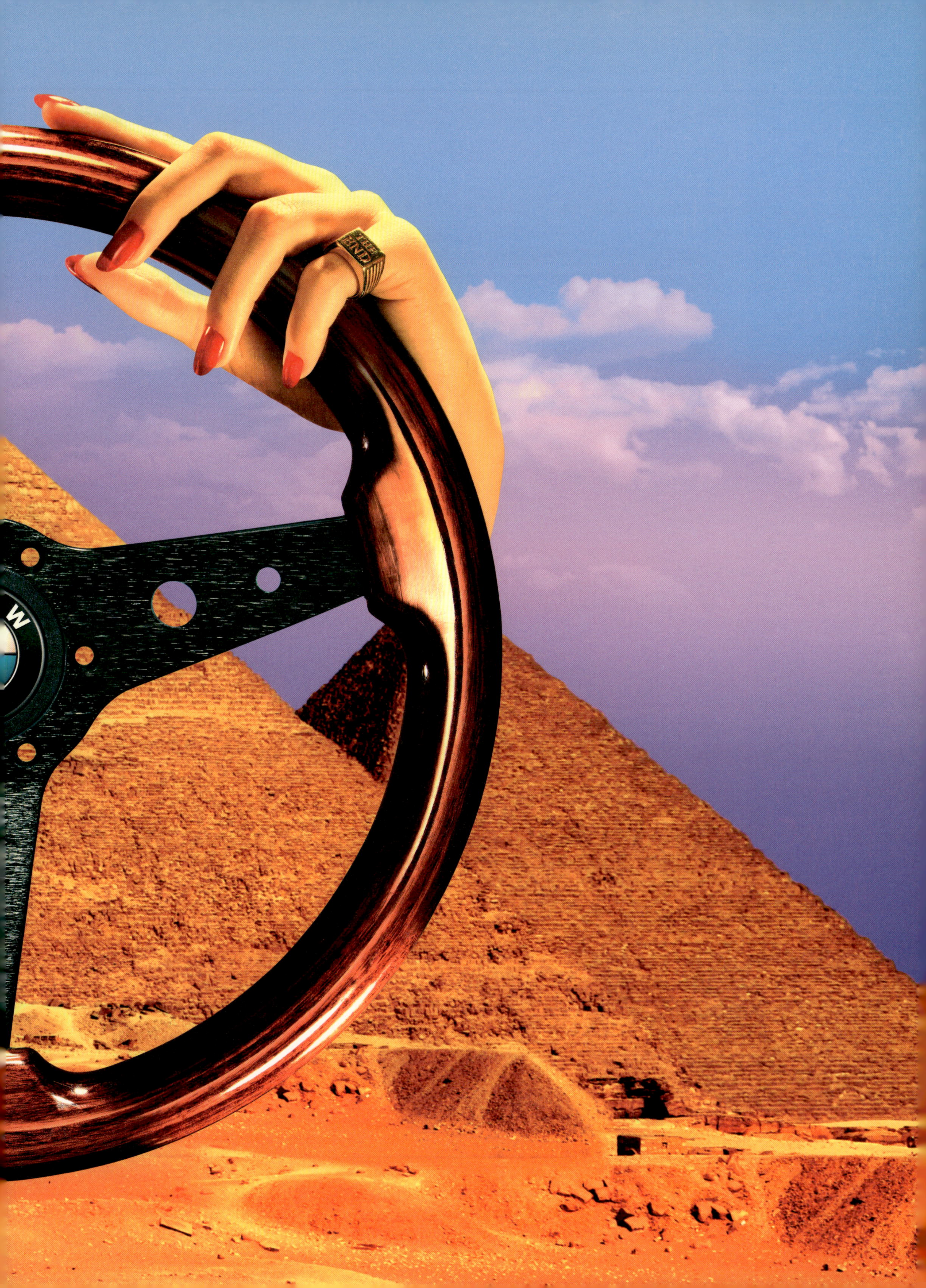
THE
END

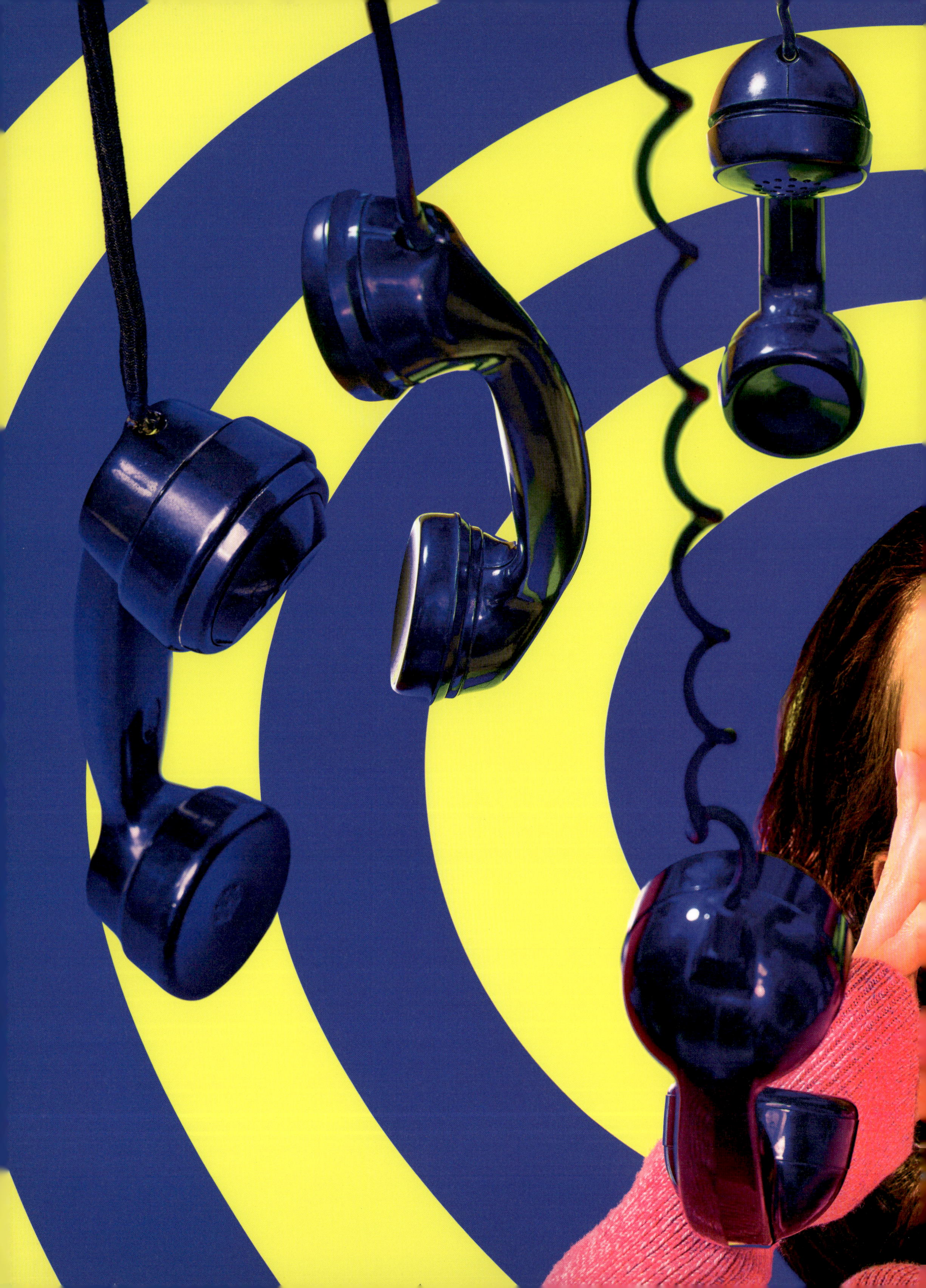

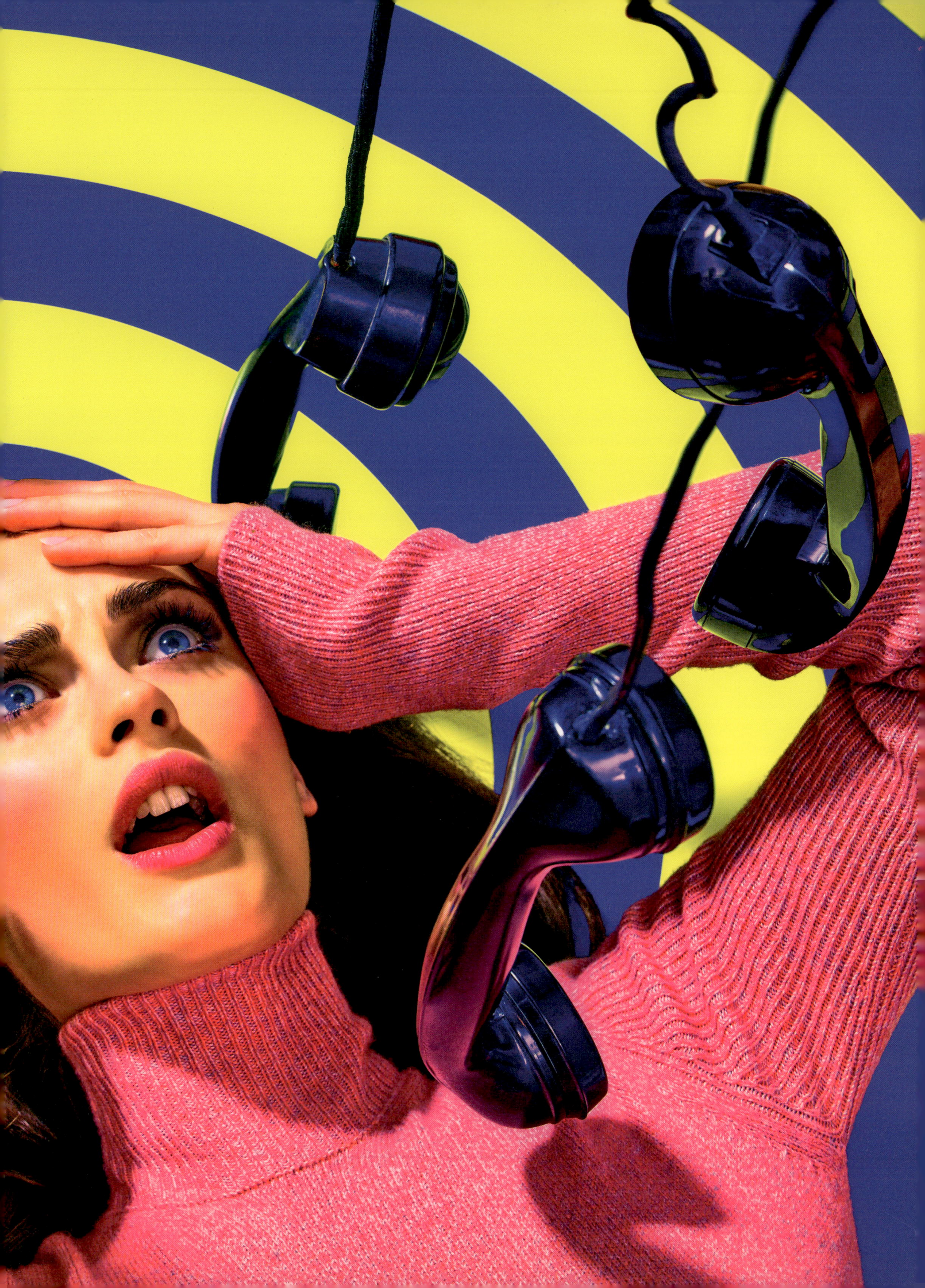

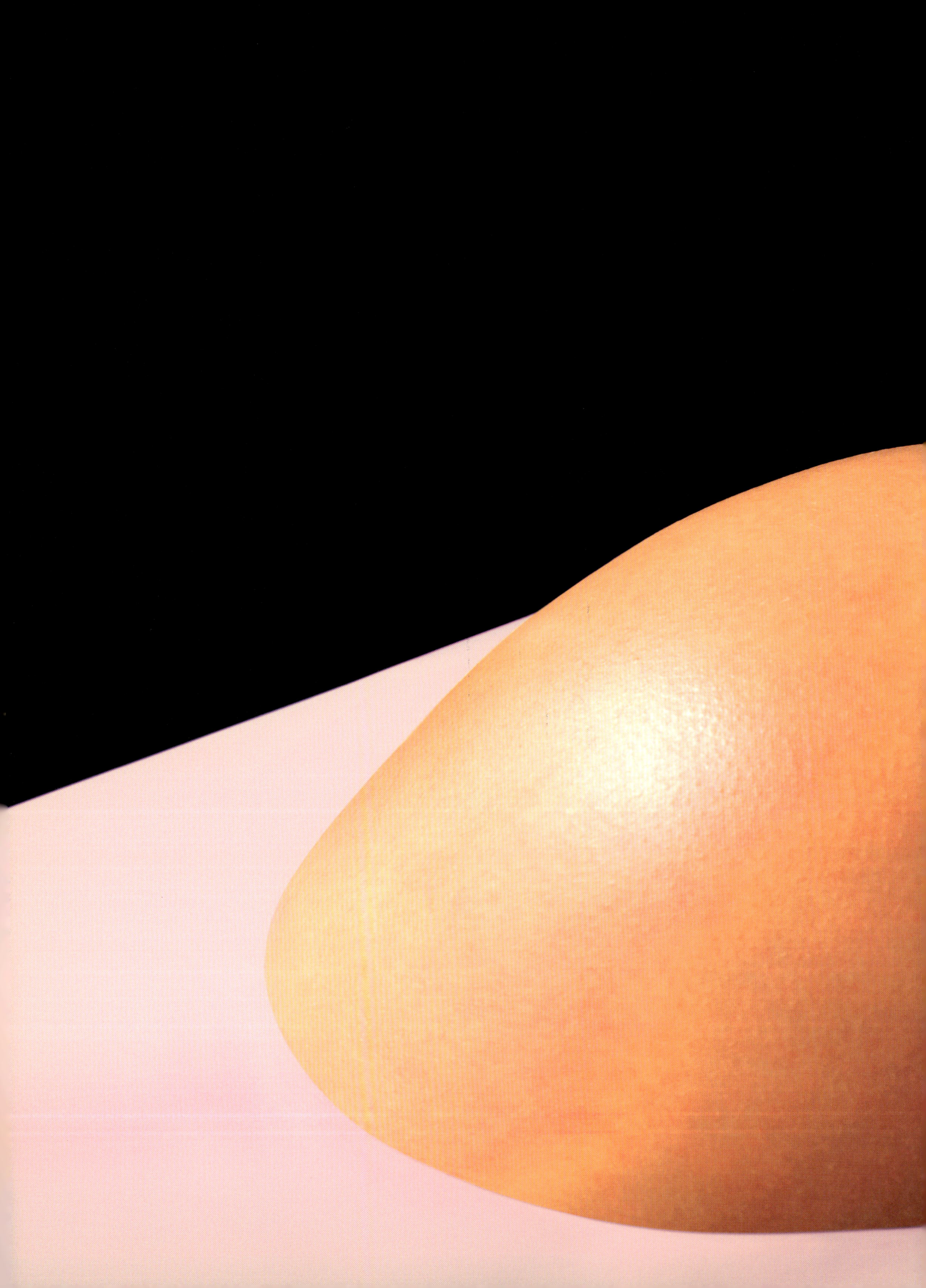

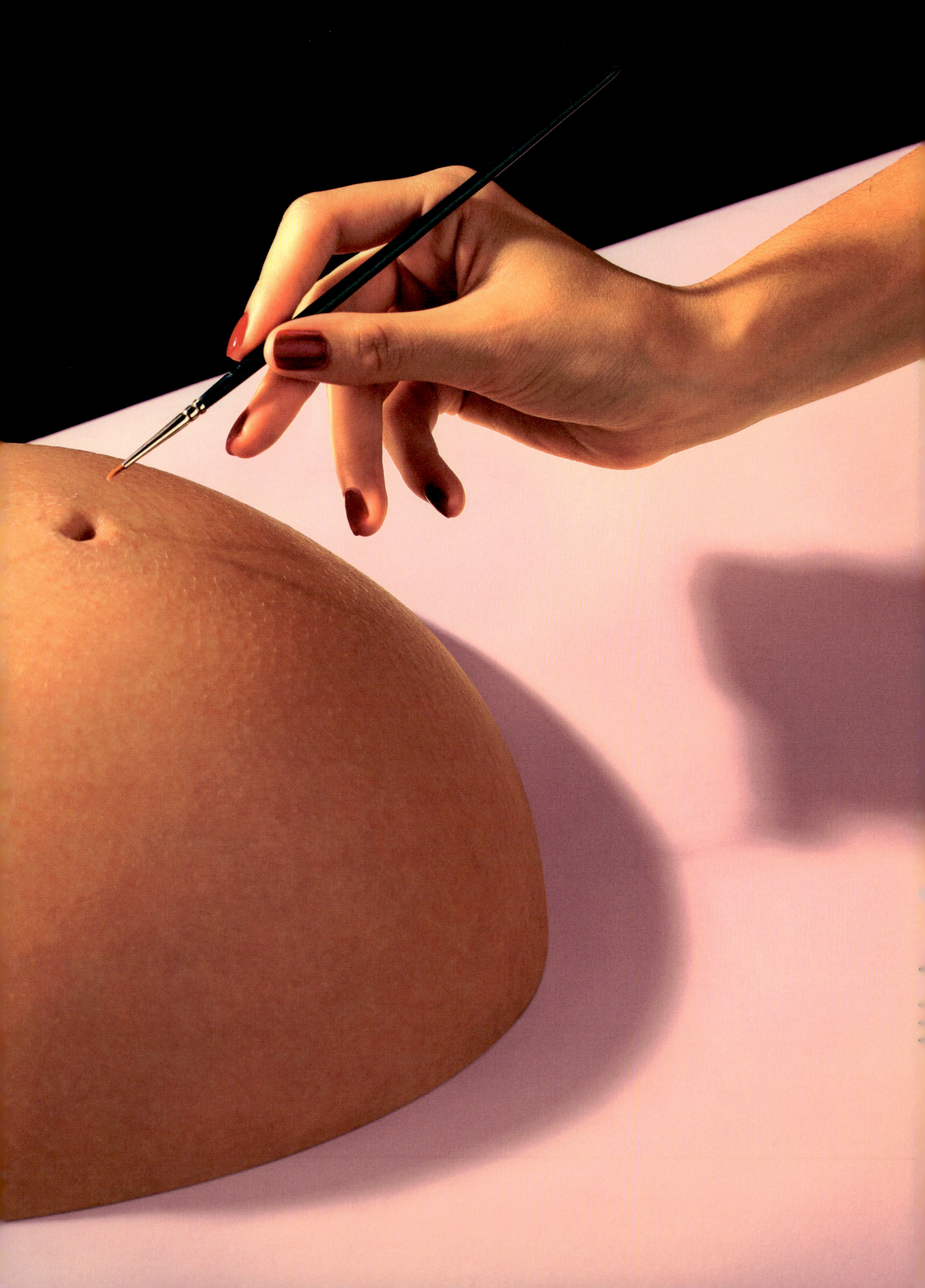

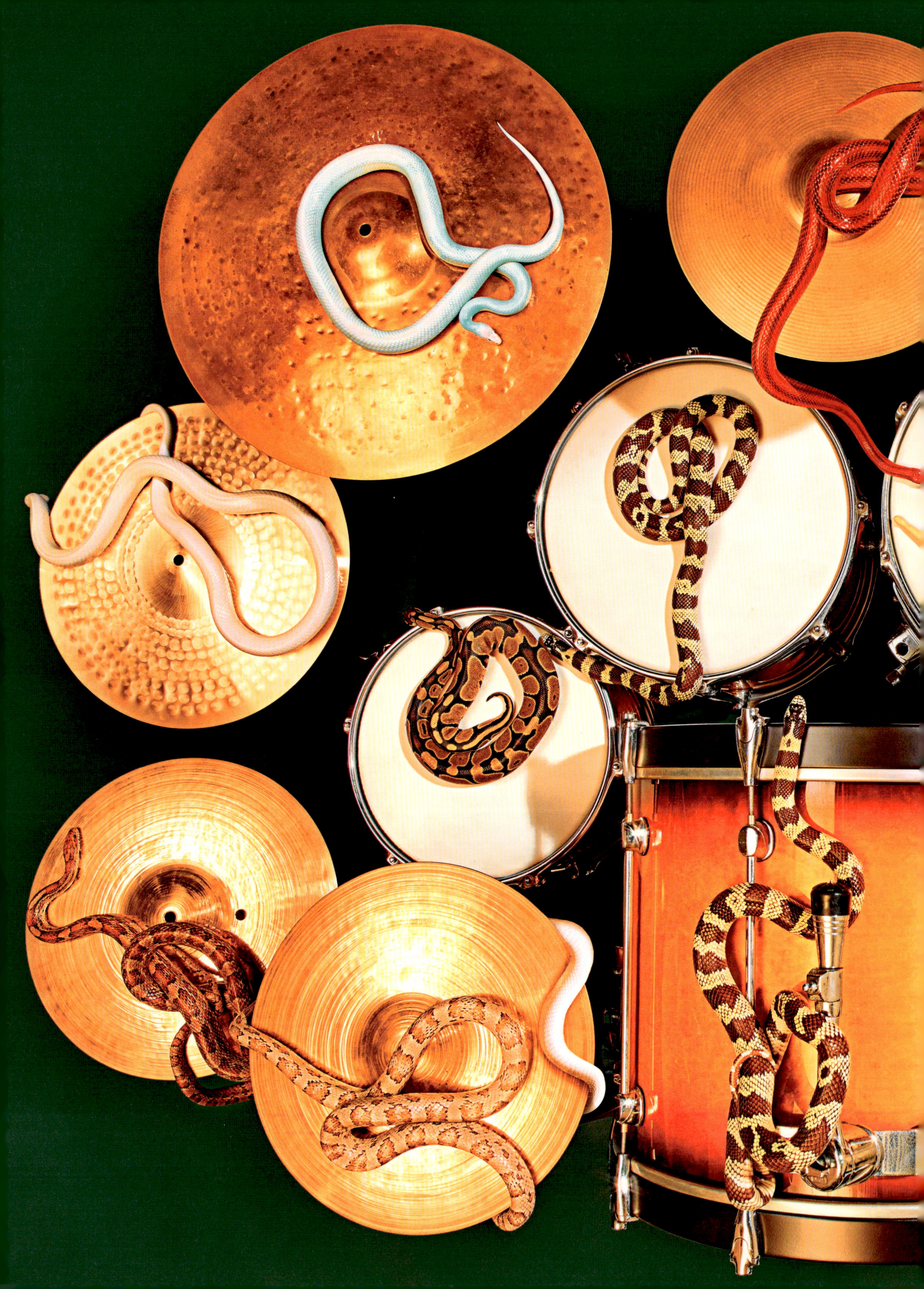

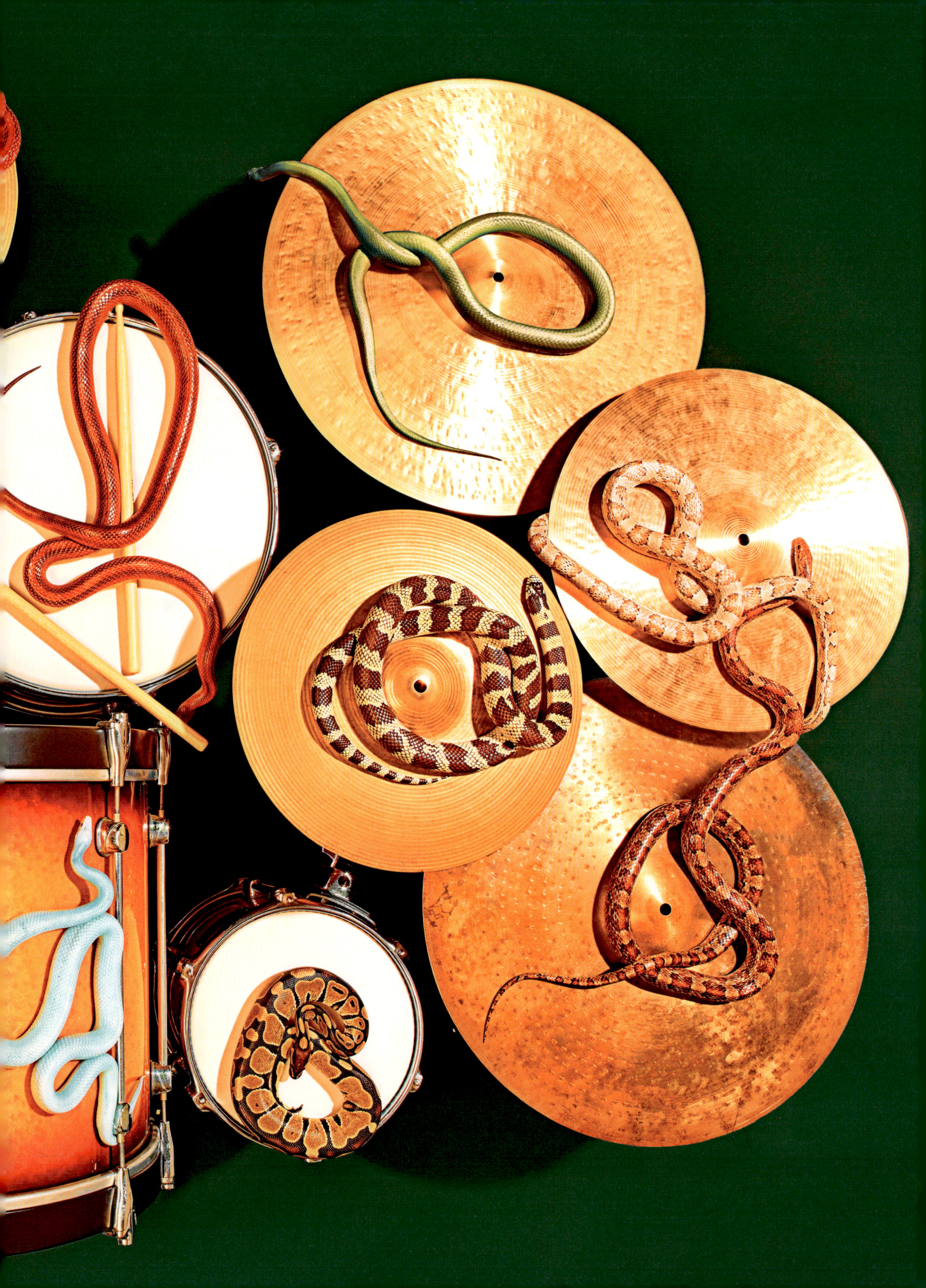

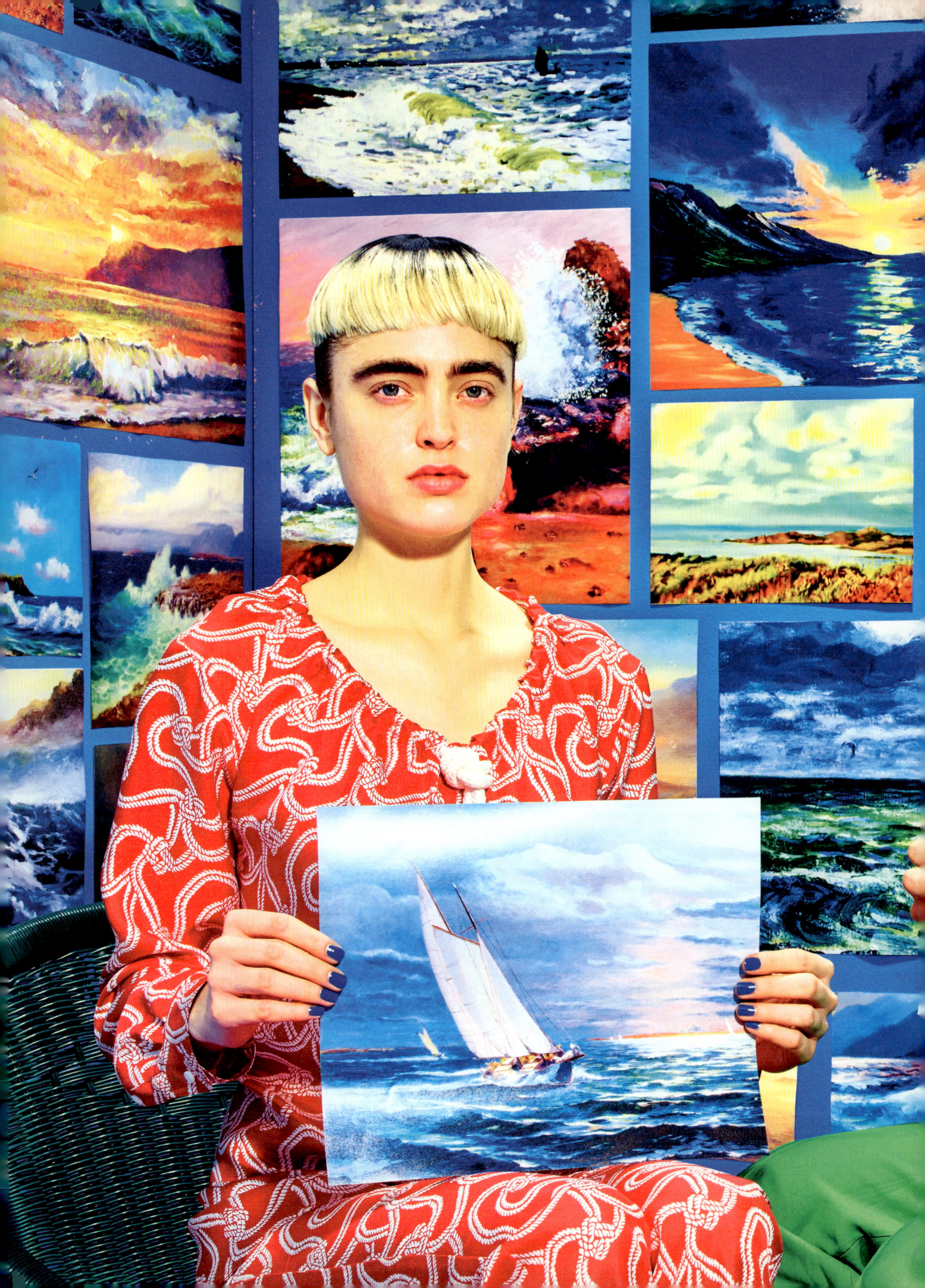

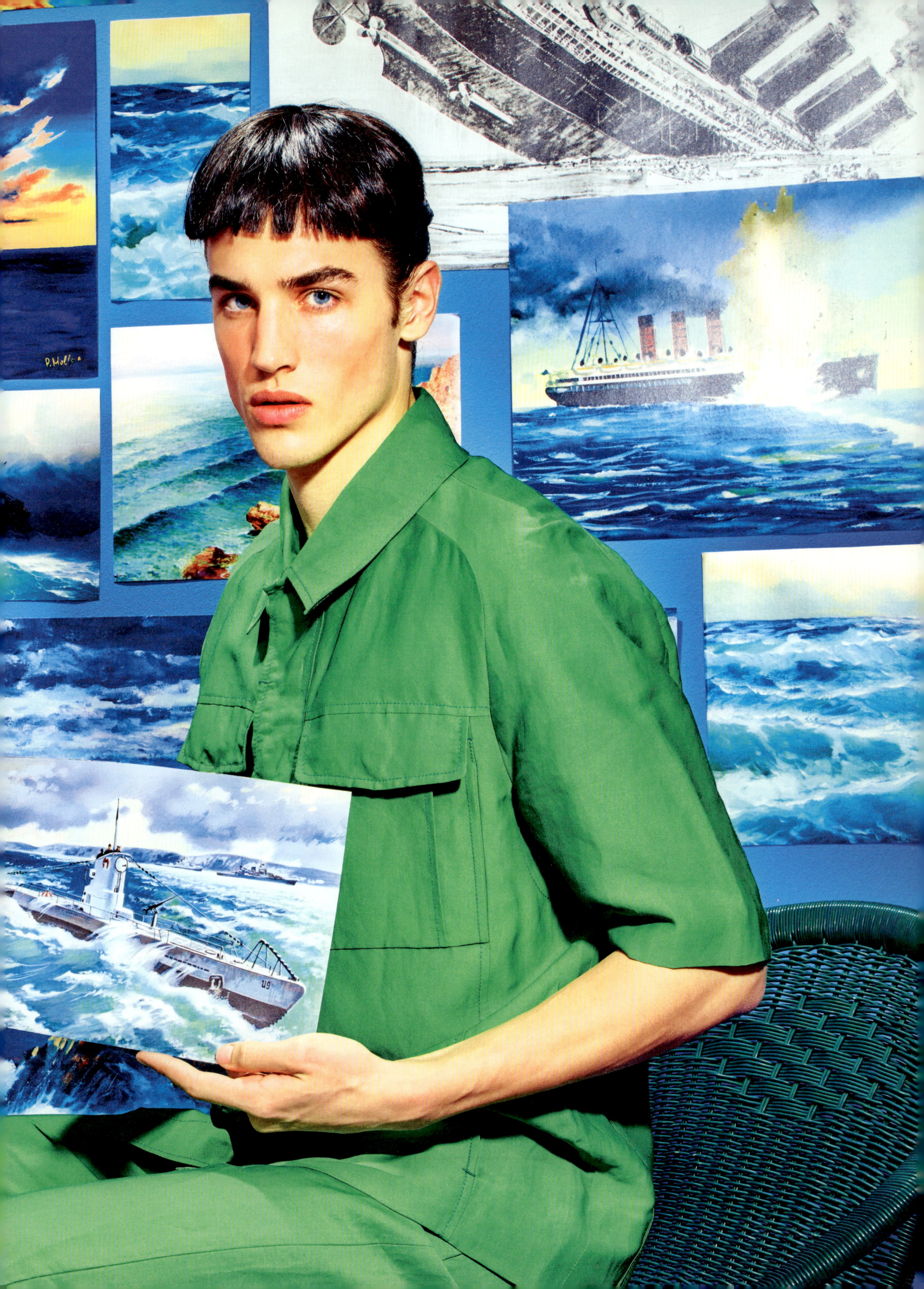

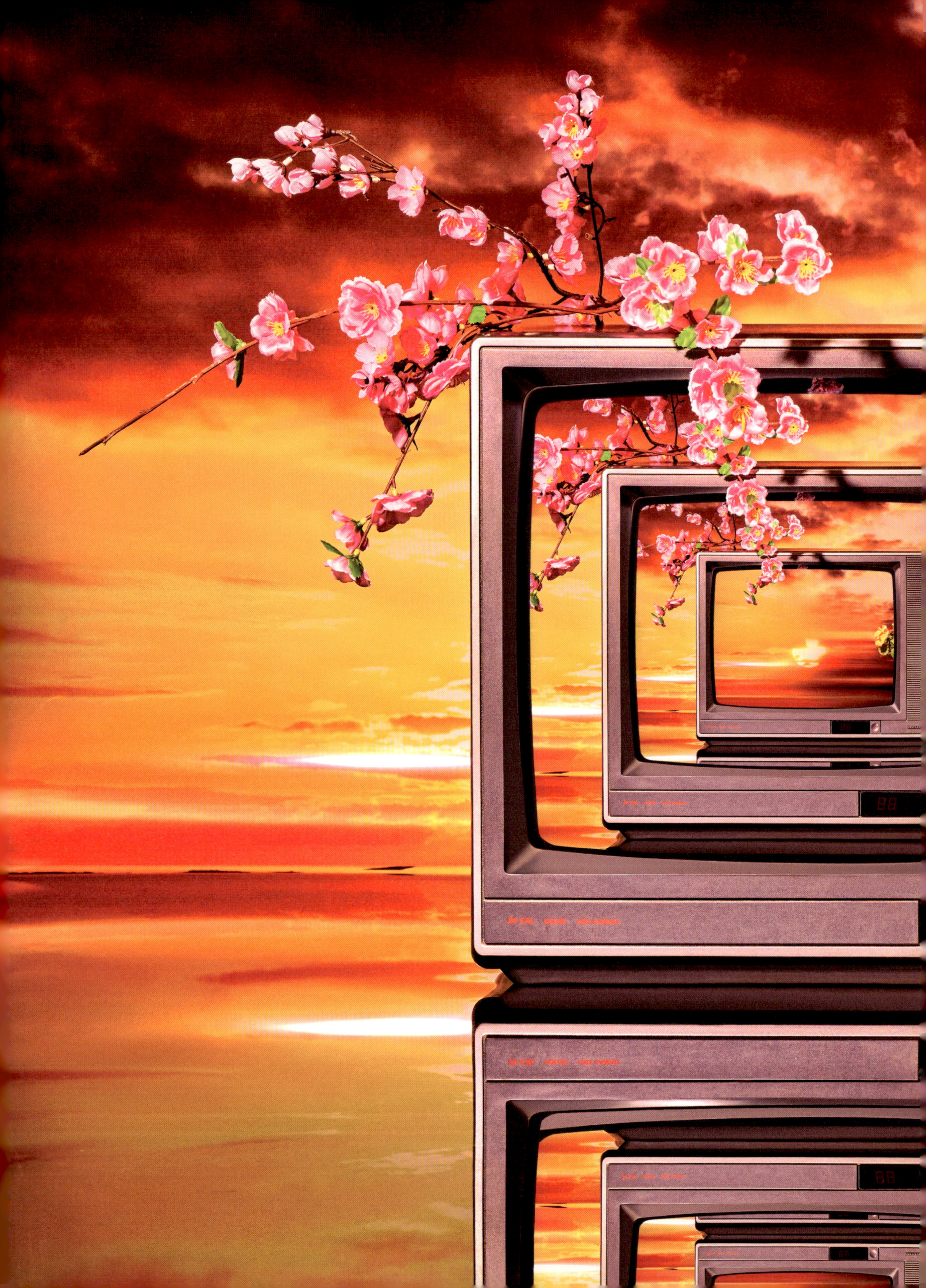

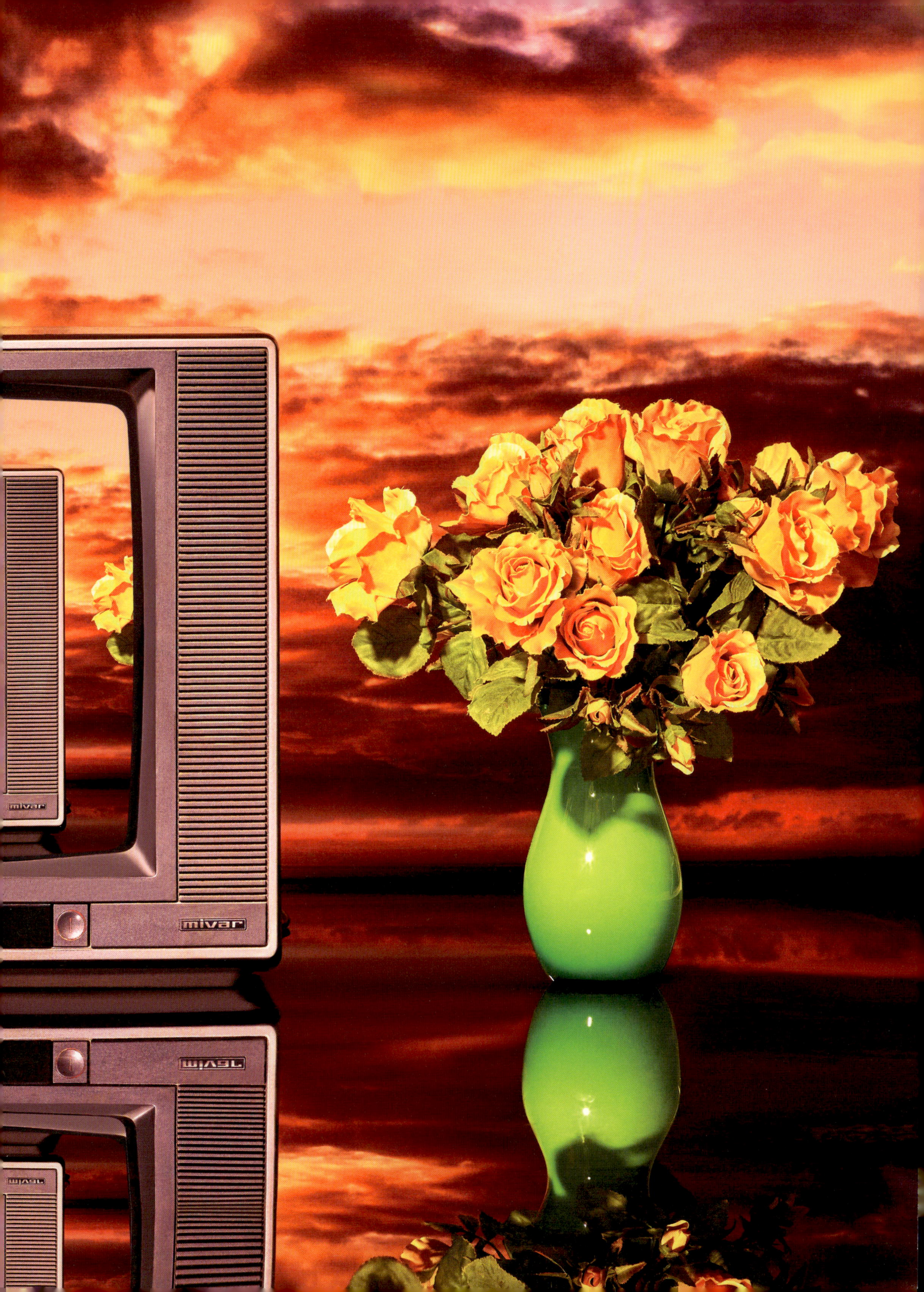
mivar

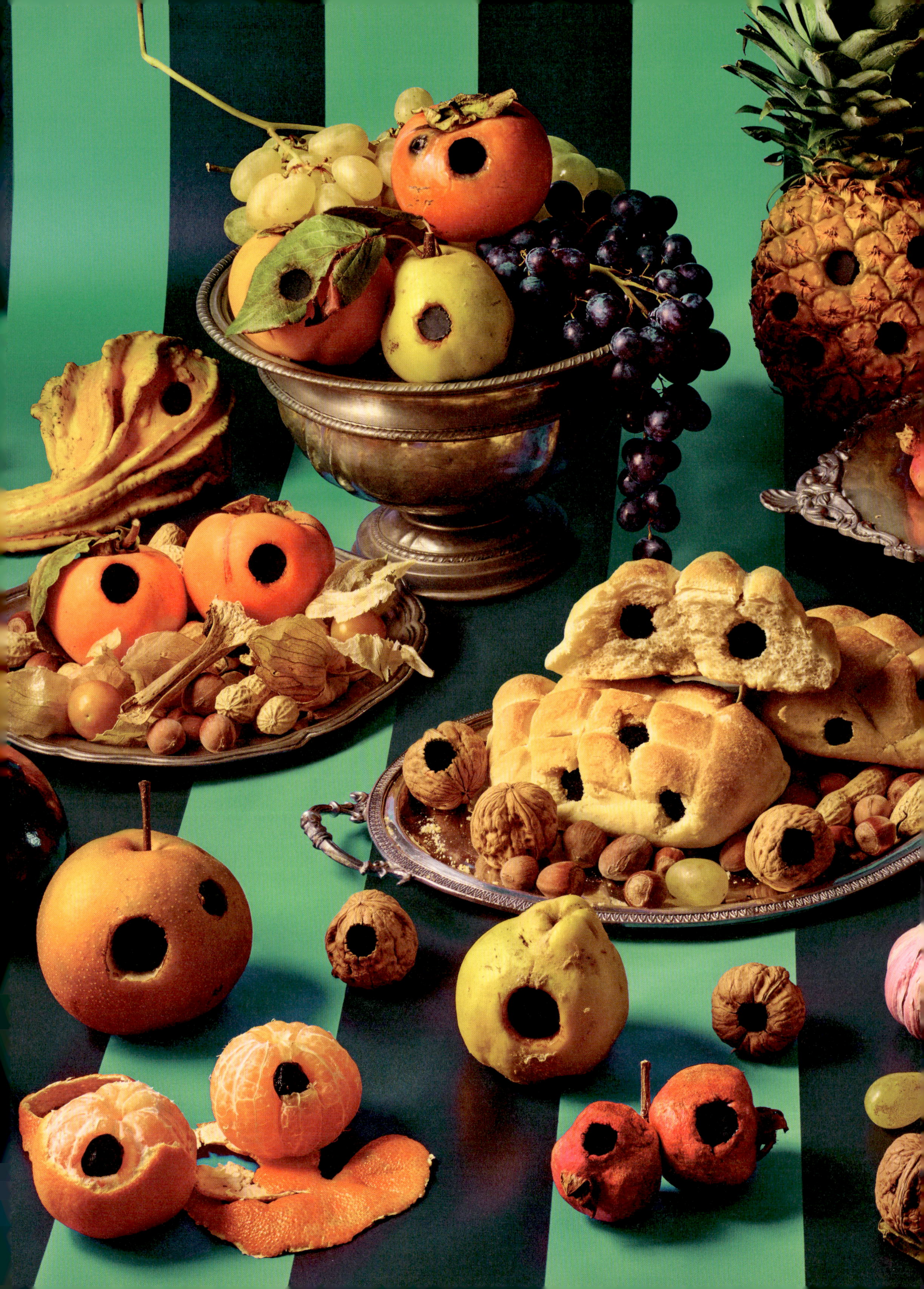

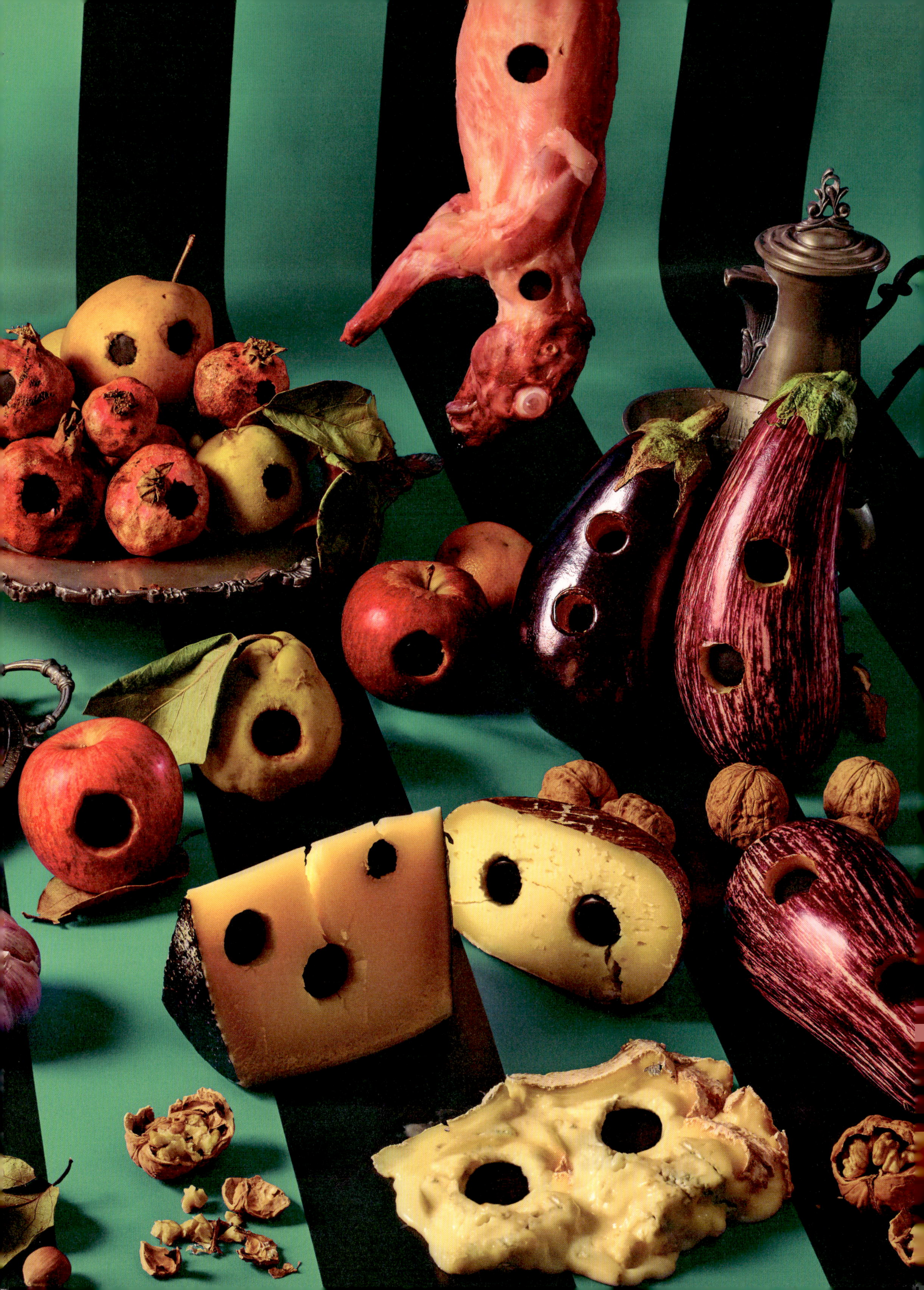

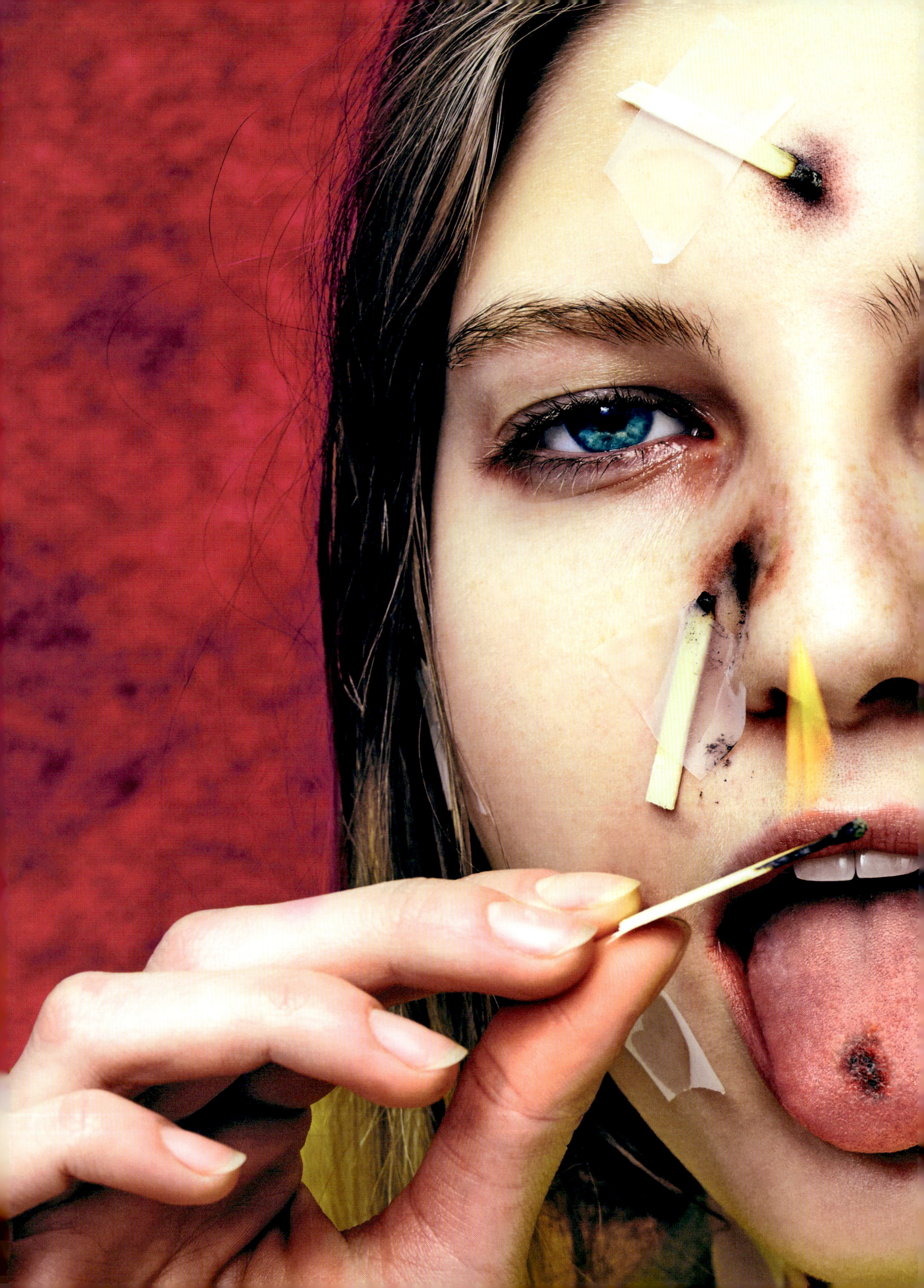

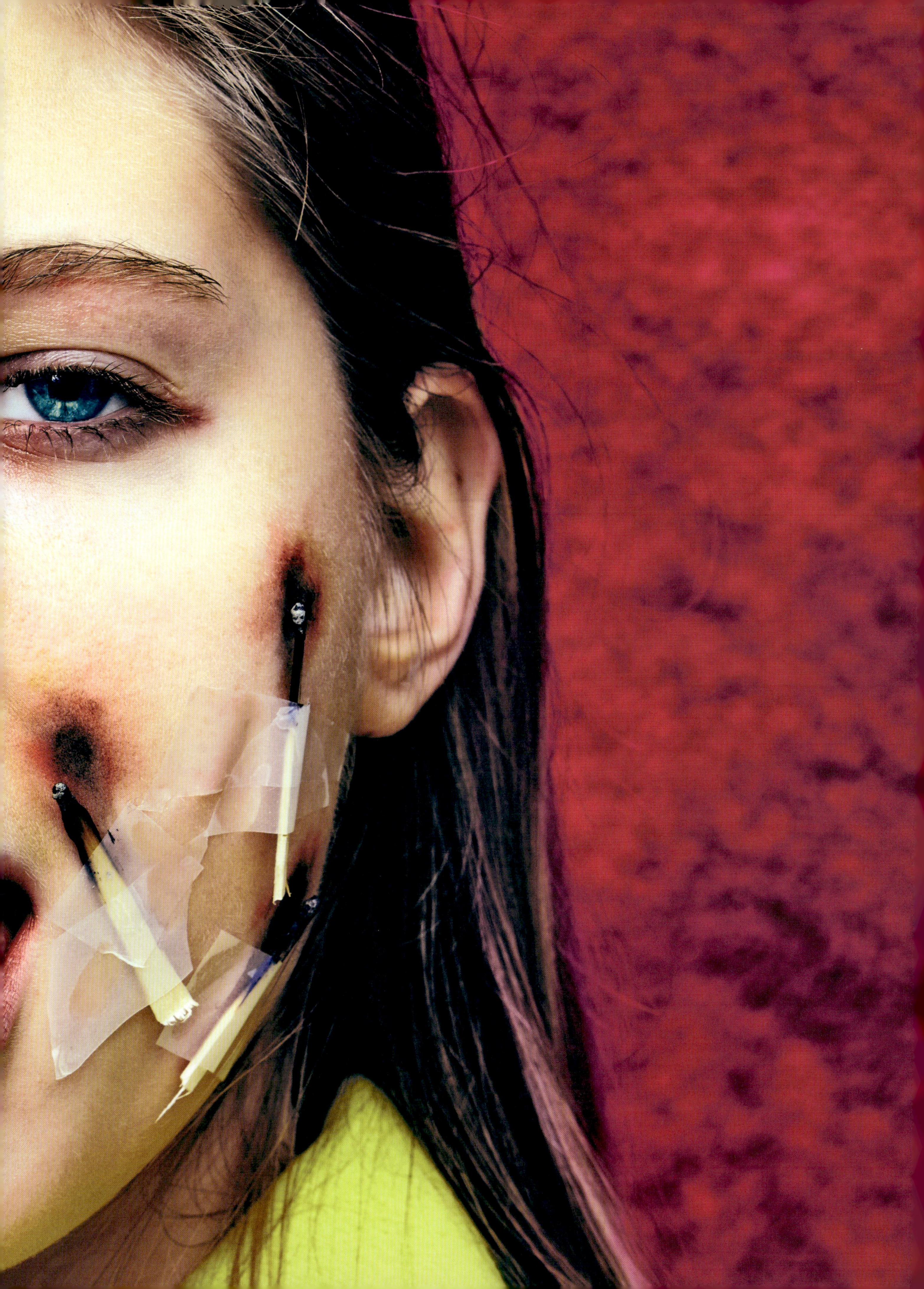

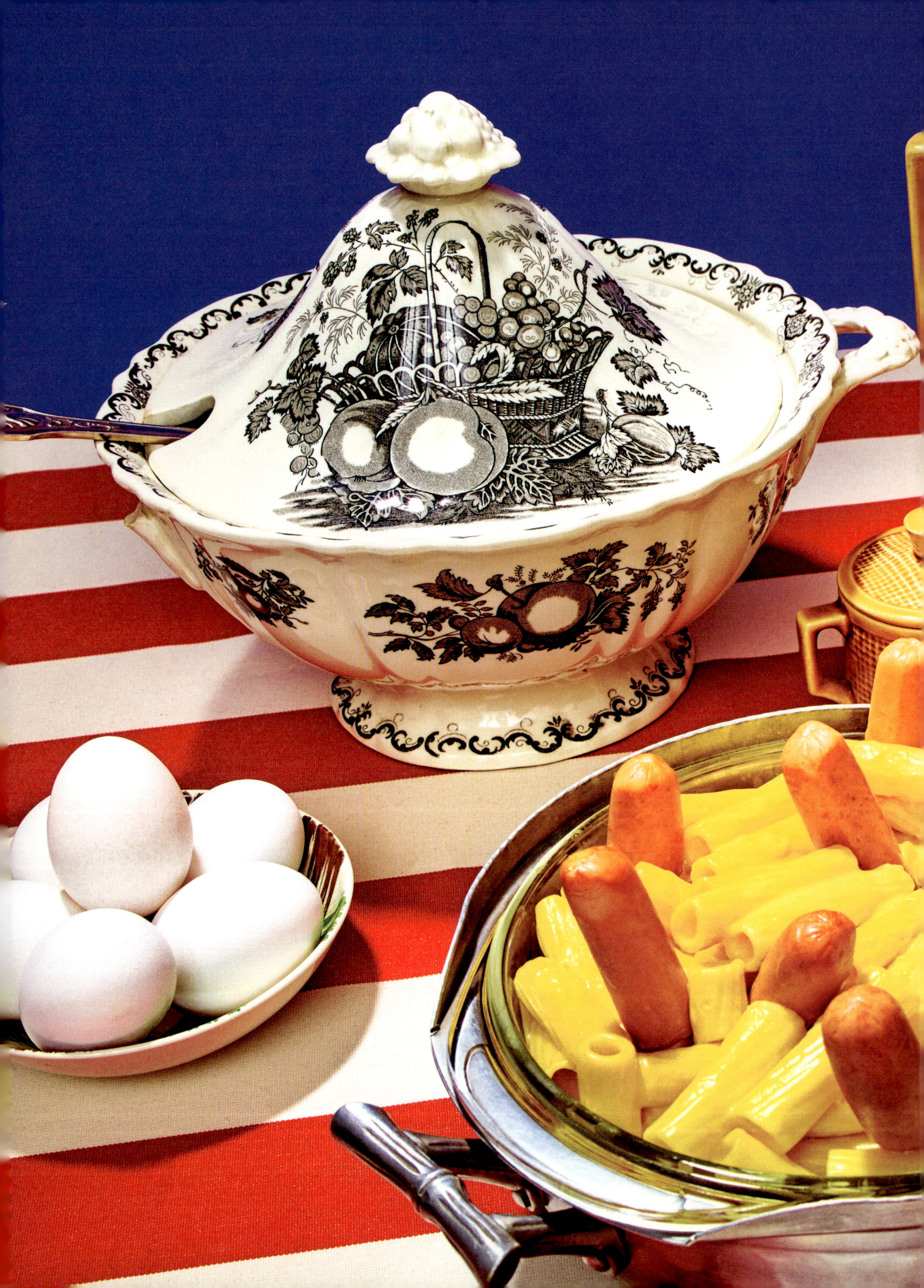

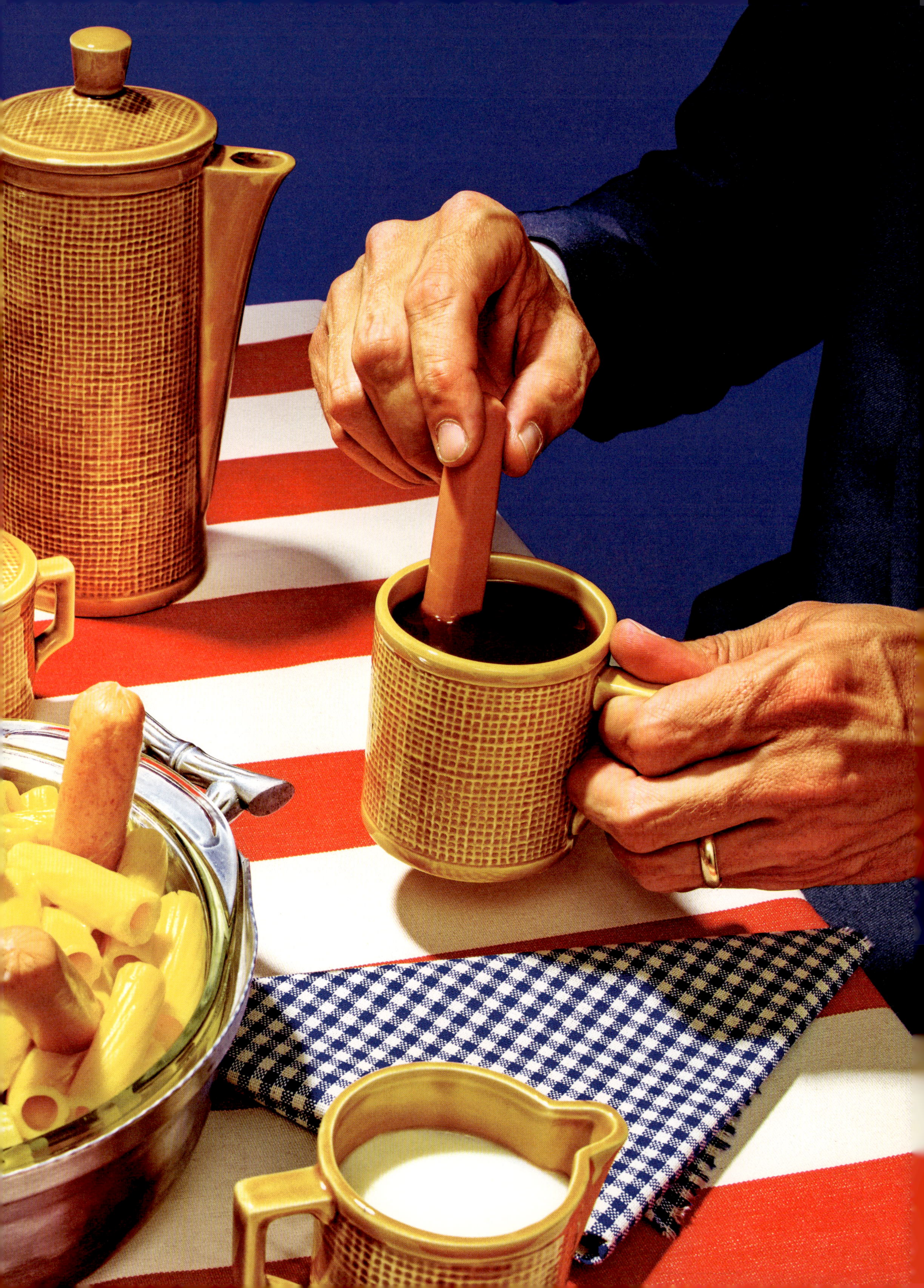

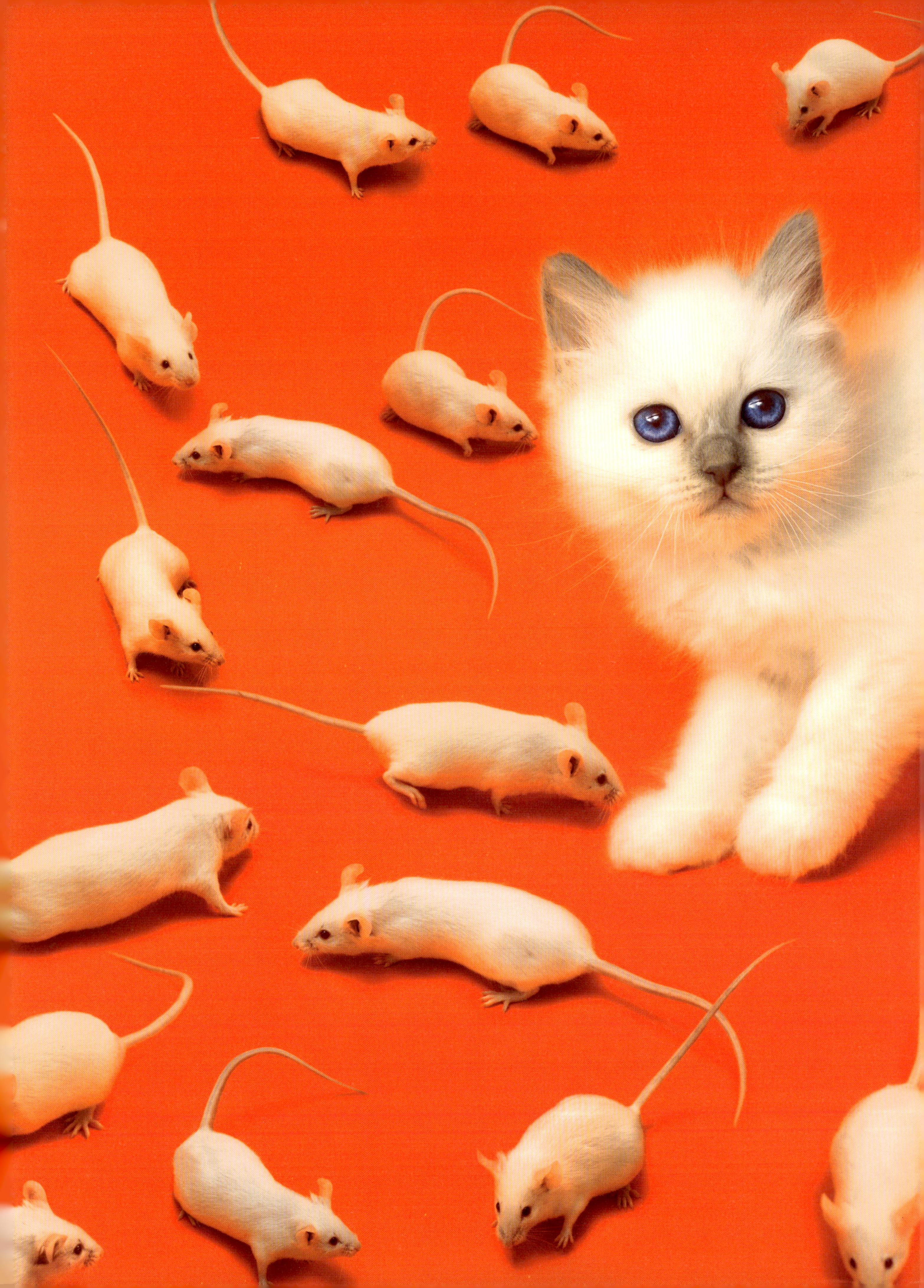

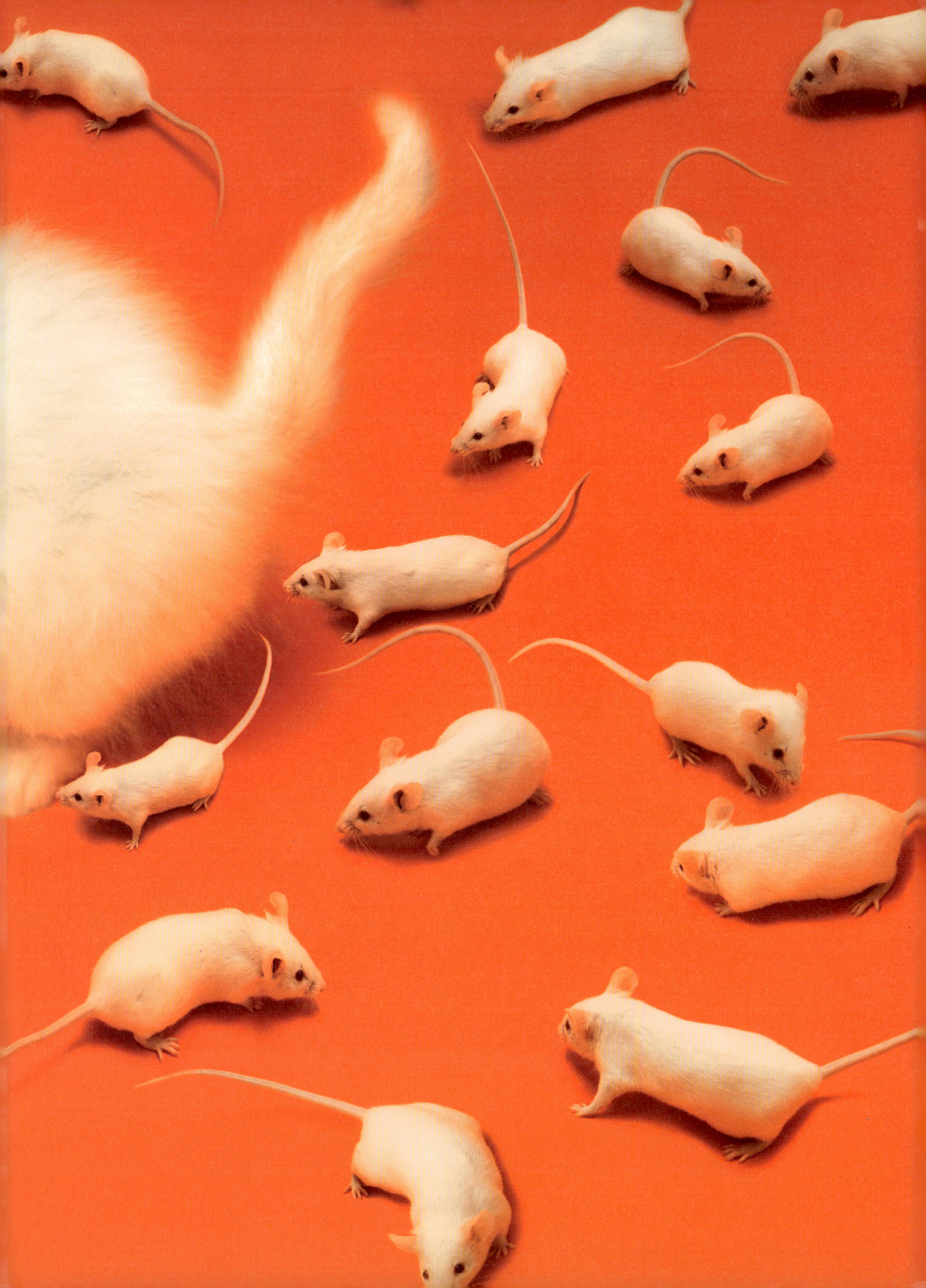

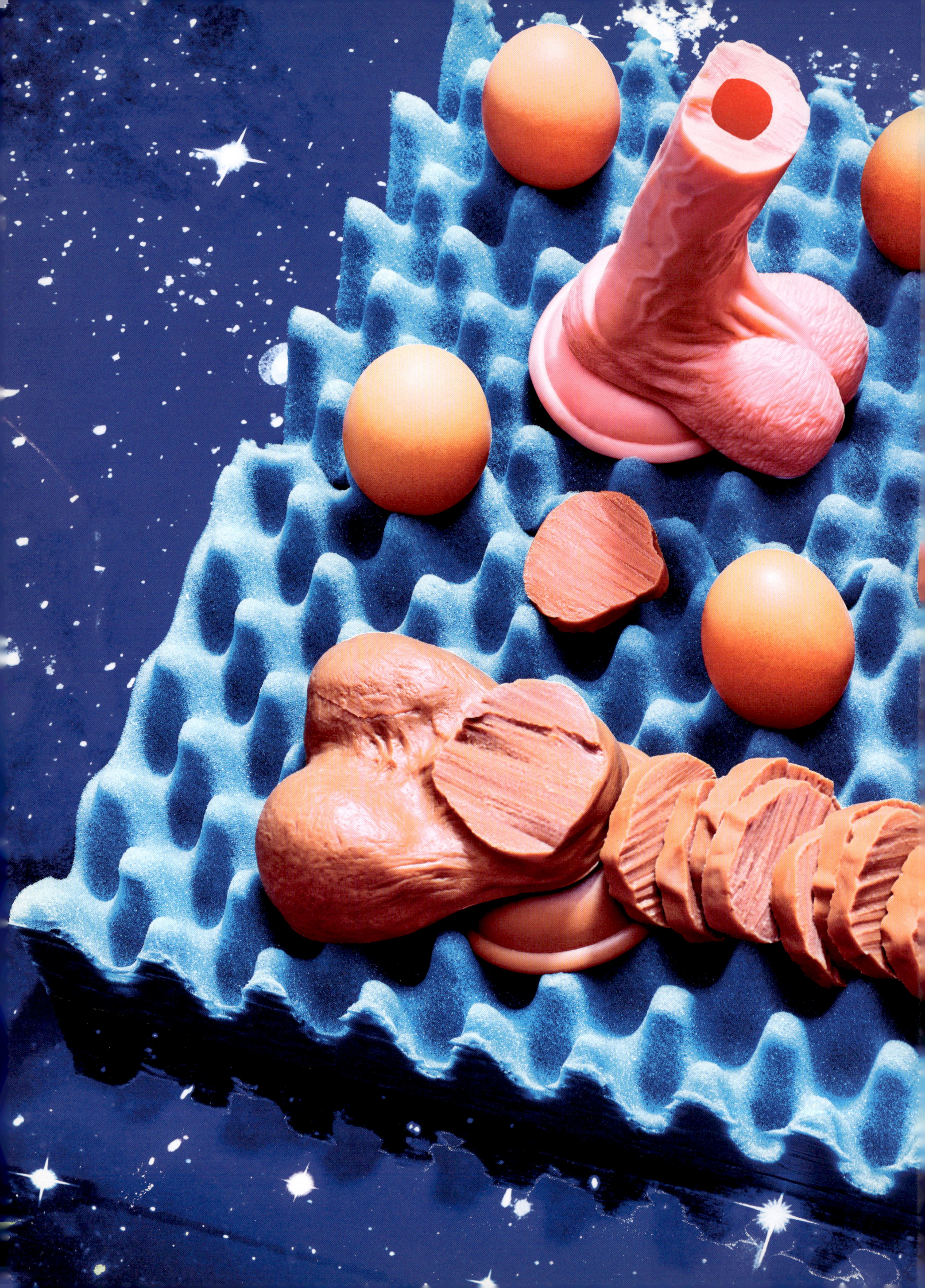

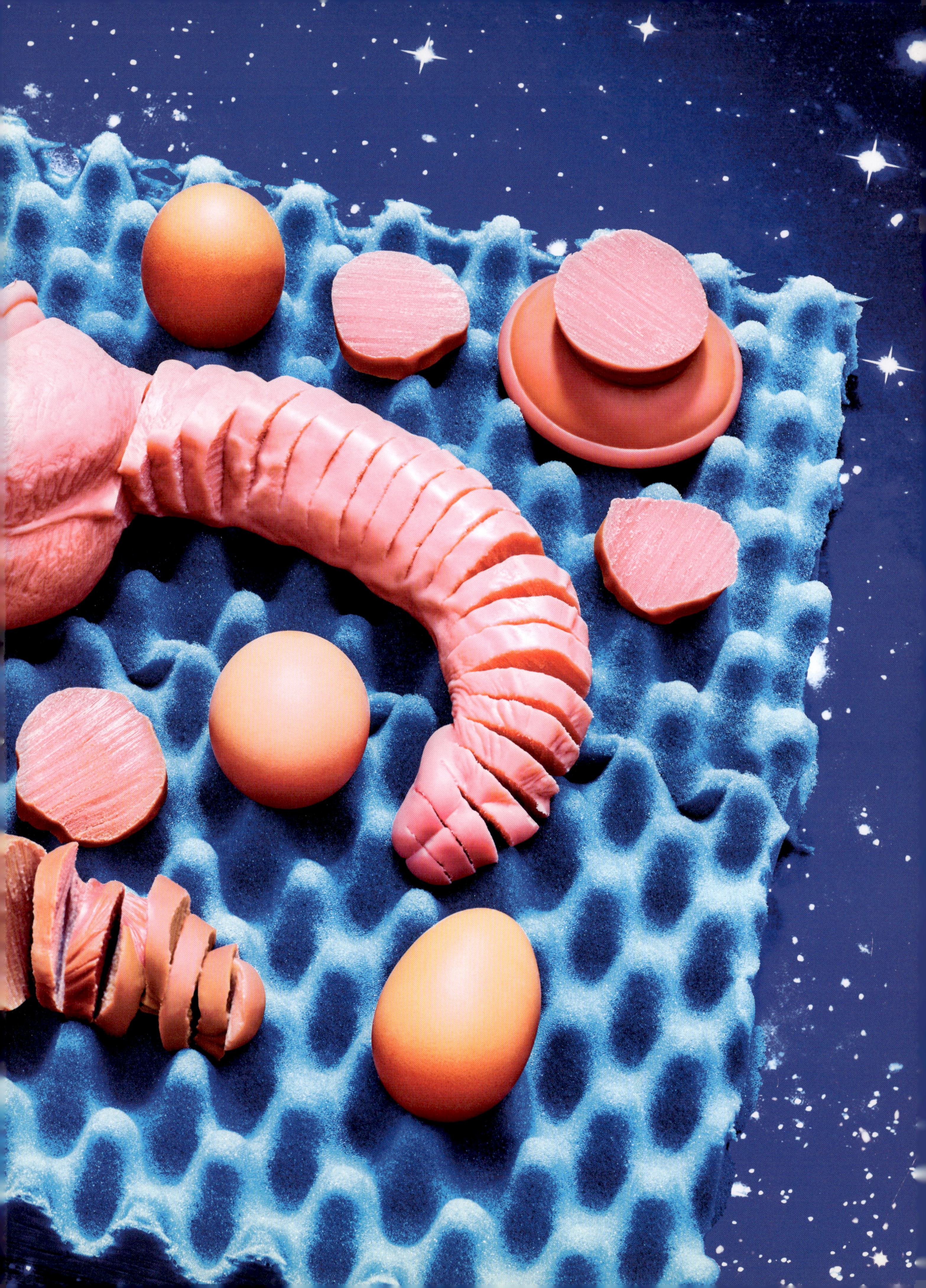

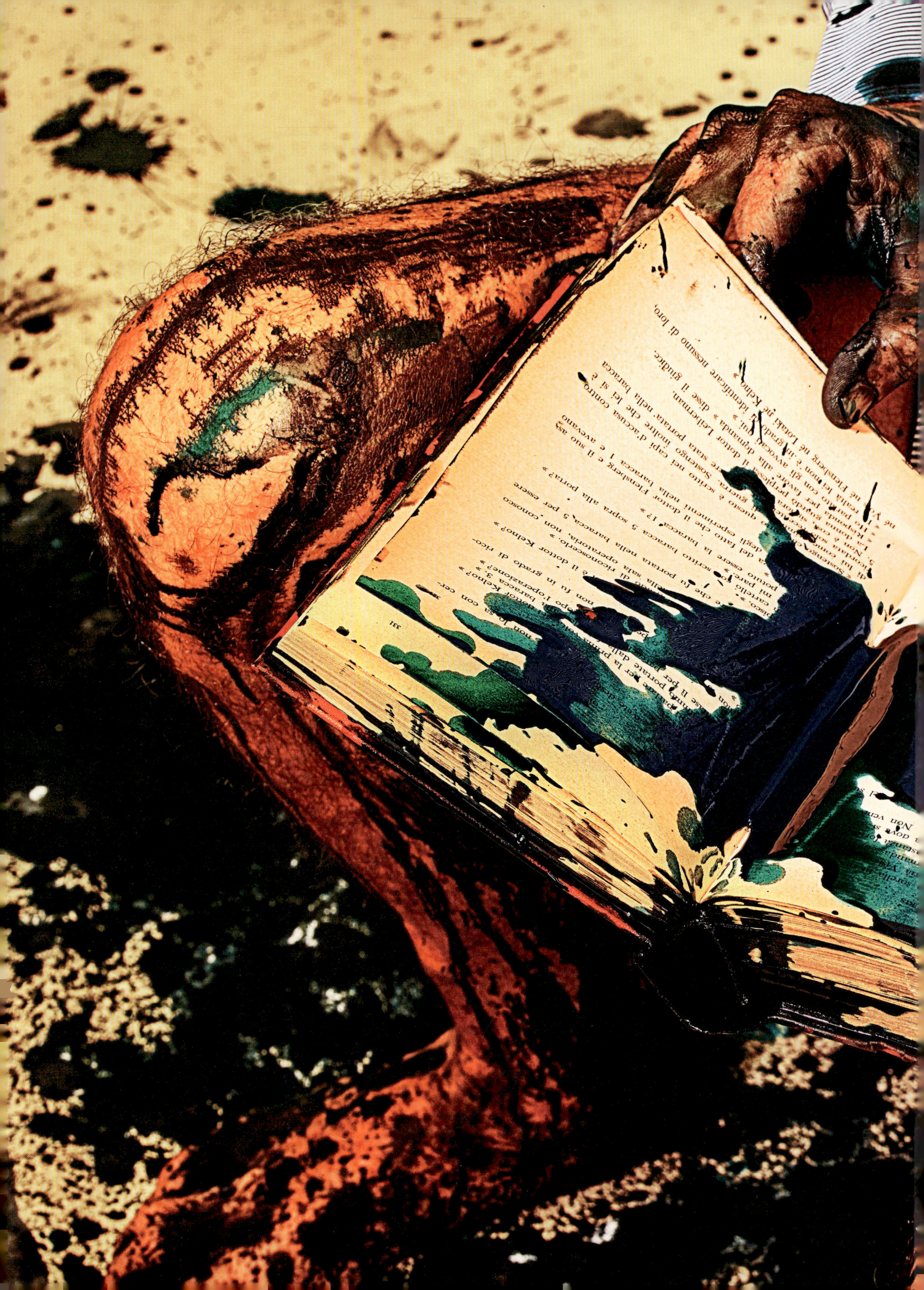